운의 그릇

운의 그릇

초판 1쇄 발행 · 2020년 11월 6일
초판 3쇄 발행 · 2021년 1월 4일

지은이 · 김원
발행인 · 이종원
발행처 · (주)도서출판 길벗
브랜드 · 더퀘스트
주소 · 서울시 마포구 월드컵로 10길 56(서교동)
대표전화 · 02)332-0931 | **팩스** · 02)322-0586
출판사 등록일 · 1990년 12월 24일
홈페이지 · www.gilbut.co.kr | **이메일** · gilbut@gilbut.co.kr

기획 및 편집 · 송은경(eun3850@gilbut.co.kr), 김세원, 유예진, 오수영 | **제작** · 이준호, 손일순, 이진혁
영업마케팅 · 정경원, 최명주, 전예진 | **웹마케팅** · 이정, 김선영 | **영업관리** · 김명자 | **독자지원** · 송혜란

본문디자인 · aleph design | **교정교열** · 이지은
CTP 출력 및 인쇄 · 북토리 | **제본** · 신정문화사

ISBN 979-11-6521-323-7 03320
(길벗 도서번호 090173)

정가 15,000원

무엇이 인생의 차이를 만드는가

운의 그릇

運

김원 지음

더퀘스트

수천 명의 운명을
들여다보고 깨달은 것

최선을 다했지만 원하는 결과를 얻지 못해 괴로워했던 경험이 있
나요? 성공이 코앞이라 생각했는데 예상치 못한 돌발 상황에 좌절
했던 기억은? 이제 와 생각해보면 실패 이유가 분명하지만, 왜 당
시에는 어떤 위험 신호도 알지 못했을까 후회했던 적은 없습니까?
이 책은 그런 경험을 가진 사람들을 위해 시작되었습니다. 더 정확
히는 하고 싶었던 것도, 할 수 있다고 생각한 것도 많았지만 여러
번의 좌절로 오랫동안 괴로워했던 저와 같은 이들을 위해 쓰게 되
었습니다.

저는 15년 전 처음 명리학과 인연을 맺은 것을 시작으로 현재까
지 수천 명과 명리 상담을 진행해왔습니다. 일반적인 명리 전문가
와 달리 외국계 회사의 임원이자 경영 컨설턴트 경력 때문인지, 제
가 상담하는 분들 중에는 상위 1퍼센트의 자산가, 대기업과 외국
계 기업의 임원진, 억대 연봉자, 공직자 등이 많습니다. 그들은 주

로 사업적으로, 그리고 커리어에 있어서 중요한 결정을 내릴 때 저를 찾아와 운명을 묻습니다.

사실 명리학에서는 인간의 운명이 어느 정도 정해진다고 봅니다. 사람은 누구나 크기와 모양이 정해진 운 그릇을 갖고 태어나고, 그 사람의 인생은 타고난 운 그릇에서 크게 벗어나지 않는다는 것이지요. 그런데 분명 타고난 운 이상의 삶을 사는 사람이 있습니다. 평범해 보이는 사주인데도 유명 기업의 임원이 되거나 경제적으로 남부러울 것 없이 안정적인 삶을 사는 사람들 말입니다. 그들은 다음과 같은 두 가지 특징을 가지고 있습니다.

첫째, 운 그릇에 좋은 것을 담으려 합니다. 또는 운 그릇이 돋보일 만한 곳을 찾습니다. 즉, 삶을 개선시키는 노력을 꾸준히 하고, 같은 능력이라도 더 빛을 발할 수 있는 곳에서 능력을 펼쳐 남다른 성과를 얻습니다.

둘째, 운 그릇을 깨뜨리지 않기 위해 관리합니다. 잘나가다가도 단번의 실수로 회생 불가능할 정도의 사업 실패나 커리어 추락, 가정불화를 경험하는 사람들이 있습니다. 그 이유를 들여다보면 탁월한 능력이 있음에도 치명적인 약점 하나를 제어하지 못했거나 나중에 큰 사고가 될 만한 문제들을 방치했기 때문인 경우가 많습니다.

그러면 나의 운 그릇이 잘 쓰일 수 있는지 어떻게 알 수 있을까요? 나에게 좋은 것들을 어떻게 선별하고 내 그릇에 담을 수 있을까요? 어떻게 운을 관리할 수 있을까요? 이 책은 그 질문에 대한 각자의 해답을 찾는 데 도움을 드리고자 합니다. 1장은 운이란 무엇인지 소개하고, 2장과 3장에서는 다른 사람들의 실수와 성공의 경험들을 보며 운을 잘 사용하려면 어떻게 해야 하는지 아이디어를 드립니다. 4장에서는 좋은 운을 불러오기 위해 각자 일상에서 실천할 수 있는 방법을 소개합니다.

주어진 운을 잘 쓸 줄 알면 인생이 한결 편안해집니다. 내게 주어진 운도 활용하지 못하면서, 남의 좋은 운만 부러워해봤자 과연 무엇이, 얼마나 바뀔까요? 이 책을 통해 독자 여러분이 각자 가지고 있는 운 그릇을 들여다보고, 어떻게 하면 더 나은 운을 가져올수 있는지 자신만의 방법을 찾게 되기를, 그래서 늘 좋은 운이 함께 하기를 바라며 책을 시작하겠습니다.

제1장

운과 성공

제2장

운을 밀어내는 습관

운과 성공

運

운運이란 말은 살면서 참 많이 듣는 단어다. 하지만 운이란 무엇인지, 운을 좋게 할 수는 있는지에 대한 이해는 각자 다르다. 명리학命理學은 운을 어떻게 접근하고 바라보는지, 나아가 명리학으로 내 삶을 어떻게 읽어낼 수 있는지 간단히 살펴보자.

마흔이 되기 전에 알았더라면

나는 20대 말 직장생활을 시작하여 5년 동안 무려 여섯 번이나 이직했다. 그 과정은 당연히 불만족의 연속이었다. 더 이상 실패할 수 없다는 생각에 30대 초반, 사주팔자, 일명 명리학命理學 공부를 시작했다. 원하던 직장을 1년 만에 그만두고 방황하던 때, 신문에서 우연히 '노후대비 사주 창업반' 광고를 보게 된 것이 그 계기였다. 지금은 세대와 상관없이 취미로 공부하는 분도 많지만 2000년대 초중반만 해도 젊은 학생은 소수였다. 처음 공부했던 곳은 20~30명 규모의 사설 강좌였는데 은퇴 후 철학원을 개업하려 강좌를 듣는 50~60대 분들이 다수였고 30대 학생은 나를 포함해 둘 뿐이었다. 다른 30대 수강생도 입산수도 생활을 몇 년 하다 명리학 공부로

보다 높은 정신 세계를 추구하고자 한 것이었으니 보통의 학생은 아니었을 것이다.

나는 공부 목적이 달랐다. 사주를 공부해 나 자신의 팔자를 알고 앞으로는 잘못된 선택을 피하여 성공적인 커리어를 만들 수 있기를 바랐다. 지금 생각하면 사주로 본인의 현실적 변화를 꾀했던 사람은 나 혼자였던 것 같다. 물론 역술원 창업을 위한 공부도 미래 준비고, 정신수양도 보기에 따라 미래의 더 나은 나를 위한 것이다. 그렇지만 과거를 분석해서 다시는 실패 없는 커리어를 쌓겠다는 다짐과는 조금 달라 보였다.

그래서 나의 명리학 공부는 성공적이었을까? 대답은 '그렇다'이다. 그러니 관련 책을 두 권이나 내고 이 책을 쓸 기회도 얻었을 것이다. 명리학 공부가 예상했던 방식대로 기여했을까? 지난 실패 원인을 정확히 알고, 교훈을 얻어 같은 실수를 반복하지 않게 했을까? 그건 아니었다.

왜 나는 운 공부를 시작했을까 ———

10년쯤 공부가 되자 지인들 사이에 '사주 좀 본다'는 소문이 났다. 오랜 회사 경험 덕분에 사업가나 회사원들 의뢰가 많았다. 몇 년 후에는 검색창에 등장하는 사람들의 사주도 많이 보게 되었다. 솔직히 실력 대비 운이 좋았다고 생각한다. 지금이나 예전이나 나보다 뛰어난 명리 고수들은 많다. 강호의 은둔 고수들이 마케팅에 관심이 없어 대외적인 활동을 하지 않기에 (또는 그분들 팔자에 유명세 운이 없어서) 우리가 모를 뿐이다. 나를 찾은 분들은 비즈니스 종사자가 대부분이라 나와 말할 때 자신의 업무나 업계를 자세히 소개해야 하는 과정이 필요 없어서 좋아했던 것 같다. 그런데 의외의 일이 벌어졌다. 성공한 사람들을 많이 상담하게 되면서 나 역시 내담자들로부터 도움을 받게 되는 것이었다. 그들의 고민을 해결하기 위해 같이 머리를 맞댄 경험들이 내게도 지혜가 되었고, 회사에서 더 나은 성과를 내는 데 도움을 주었다. 상담하러 갔다가 상담받는 격이랄까. 게다가 성공한 사람들을 직접 만나며 받는 좋은 기운은 덤이었다. 그렇게 얻게 된 인생 고수들로부터의 배움은 내가 더 성숙한 회사 생활을 하도록 도왔다.

그러면 명리학을 통해 나를 분석하고 반성해서 더 나은 인생을 설계하려는 목표는 왜 뜻대로 되지 않았을까? 첫째, 사주는 분석 대상의 성향이나 성격, 장단점을 분석하는 도구다. 일기예보처럼 미래의 유리하거나 불리한 시기 정보를 제공하는 것이다. 단지 그뿐이다. 정보를 알았으면 다음 단계로 변화를 위한 실천 전략을 짜거나 자신의 단점을 극복하고 장점을 살리려 노력해야 한다. 그러나 나는 단지 '이래서 내가 그때 일이 꼬였었구나', '이러니 가고 싶던 회사를 못 갔지' 등의 실패 이유를 분석하는 데만 명리학을 활용했다. 원래 명리학 공부를 시작한 나의 목표가 분석과 반성을 통해 성공적인 커리어를 개발하는 것이었다는 점을 돌아보면 공부의 취지와 맞지 않았다. 명리학은 분석의 도구일 뿐, 반성과 실천은 개인의 몫이라는 사실을 몰랐다.

둘째, 명리학을 통한 분석조차 제대로 하지 않았다. 다른 사람의 사주는 나름 객관적으로 분석하면서 내 단점은 관대하게 분석했다. 나 자신의 허물을 보기가 참 싫었다. 분석 이후의 반성과 실천도 없었지만 분석조차 감정적이었다. 단점을 철저히 깨닫고 새로 태어나는 마음으로 과거를 돌아봤어야 했는데 내 본모습을 돌아볼 용기가 없었다. 사주 분석에서는 단점들이 명백하게 드러나는데도 말이다.

현대 리더십 이론에서는 단점을 줄이는 것보다 장점을 키우는 것을 장려한다. 남과 다른 차별화는 성공을 가져오고, 차별화는 단점 개선보다 장점 극대화에서 나오기 때문이다. 물론 동의하는 내용이다. 그러나 단점이 계속 반복되어 사회생활의 생산성을 갉아먹고 있는데도 그냥 내버려둔다면 경쟁이라는 마라톤에서 예선 통과도 할 수 없다. 나는 했던 실수를 여러 번 반복했다. 반성이 없으니 마음속 태도가 변할 리 없고, 태도가 그대로이니 행동도 같았다. 다행인 것은 앞서 이야기했듯 사주 상담을 통해 만난 좋은 인연들이 나 자신을 돌아보게 만들었고, 그제야 나보다 나은 사람들을 통해 내 부족함을 확인하면서 반성이 시작되었다.

마지막 이유는 일종의 변명이다. 사람은 잘 안 바뀌기 때문이다. 오죽하면 '사람 고쳐 쓰는 것이 아니다'라는 말까지 있을까. 더구나 명리학과 같이 생년월일시 정보를 기준으로 사람마다 타고난 부분이 정해져 있다고 말하는 학문에서는 더 말할 것도 없지 않은가. 실제로 많은 명리학 고수들이 한 사람의 운 70~80퍼센트는 안 바뀌고, 20~30퍼센트 정도는 노력하면 바뀔 수 있다고 한다.

여기서 우리는 두 가지를 알아야 한다. 20~30퍼센트가 작은 확률이 아니라는 것이다. 100미터 달리기가 0.1초에도 승부가 갈리듯 1~2퍼센트의 차이는 실제 경쟁에 있어 큰 차이를 만든다. 회사건 학생이건 우리는 대부분 나와 비슷한 사람들과 경쟁한다. 그래서 한 끗 차이가 모든 것을 가른다. 명품이 10배 비싼 것이 품질이 10배 비싸서가 아니다. 어느 수준에 다다르면 약간의 차이가 큰 프리미엄을 만든다. 인생에서도 마찬가지다. 타고난 장점을 1~2퍼센트 상승시키기만 해도 성공이 10~20퍼센트 커질 수 있다. 마찬가지로 타고난 단점을 1~2퍼센트만 개선해도 위험의 순간을 피할 수 있다.

또 하나 알아야 할 것은 70~80퍼센트의 바뀌지 않는 요소가 장점이면 다행이지만 때로는 단점으로 작동해 인생의 결정적 실수를 만들기도 한다는 점이다. 타고나기를 성질이 사나운 사람으로 태어났다고 하자. 평소에는 진취적인 면모로 발휘되다가도 몇 년에 한 번씩 큰 다툼을 일으킨다면 커리어나 가정사에 큰 문제가 생길 수 있다. 결국 이런 사람은 그 강한 성미를 삶에서 제거하지 못하면 성공하지 못한다. 백날 사주를 봐도 '성격이 불같다'고 분석될 것이다. 알면 뭐하는가, 고치지 않으면 악순환의 연속이다.

성공의 제1조건, 과락을 없앨 것 ──

사실 이 책을 운이 좋은 사람들의 일곱 가지 습관으로 쓰려고 했다. 그러나 쓰다 보니 운이 좋아지려면 운을 나쁘게 하는 요소를 제거하는 게 선행되어야 한다는 사실을 깨달았다. 나 자신도 훌륭한 분들과의 운 좋은 만남이 계기가 되어 단점을 발견하고 고치기 시작하면서 사회생활을 한 단계 성장시킬 수 있었다. 장점을 극대화한 것이 아니다. 단점이 완전히 고쳐지지는 않지만 남들 눈에 티나지 않을 정도로 작아지고 나니, 내가 가진 다른 장점들이 인정받기 시작했다. 그러고 나서야 장점이라는 무기를 장착하는 단계로 넘어갔다.

사실 우리 대부분은 평범한 사람들이라 단점을 그대로 둔 채로 성공하기 어렵다. 여러 국가 자격시험에서도 과락이 있으면 아무리 평균이 높아도 떨어진다고 하지 않는가? 일단 과락을 없애는 것이 우선이다. 그다음에 장점을 개발해도 늦지 않다. 그리하여 이 책은 타고난 단점을 먼저 바라보자는 취지에서 시작한다. 단점은 불운의 요소이다. 그래서 운이 나쁜 사람들의 특징들을 연구하고 내 사주에 그런 부분들이 있다면 축소하거나 제거해야 한다.

상담을 많이 하게 되니 성공한 분들이라고 모든 면에서 완벽하지 않다는 것도 알게 되었다. 대부분 타고난 단점이 한두 개씩은 있다. 성공한 CEO도 사업적으로는 훌륭하지만 개인적인 아픔들이 있는 경우가 많고 사주상의 약점을 방치했다가 가정 문제로 커진 경우도 많다. 그런 상황을 자주 목도하다 보니 자연스럽게 불운의 요소들에 대해 일반화한 공식들을 발견하게 되었다.

사실 사주명리에서 지향하는 바는 유명한 사람이 되는 것도 아니고, 수백억 부자가 되는 것도 아니다. 건강하게 장수하고 금전적으로 궁핍하지 않으며 가족과 화목하게 사는 것이다. 세상이 불확실하여 어느 정도의 경제력을 갖추고 건강을 지키며 가족을 건사하는 소박한 꿈이 너무 어려워졌을 뿐이다. 원래의 목표가 진실되고 소박한 꿈이라는 것을 잊고 있지 않으면 누구나 행복해질 수 있다고 믿는다.

성공한 사람들은 운을 놓치지 않는다

사주가 비슷한 두 사람이 같은 시기에 찾아왔다. 이직에 적당한 시기인지 묻는 질문도 동일했다. 그해에 이동할 기회는 있지만 지금 다니는 곳보다 나은 곳은 아닐 거라 분석했다. 두 사람에게 모두 참고 버티라고 권했다. 다음 해에 두 사람을 다시 볼 기회가 있었다. 첫 번째 사람에게 물었다.

"작년은 어떠셨어요?"

"몇 달 답답했는데 연말이 지나니 그럭저럭 살 만하더라고요. 회사 조직도 바뀌어서 괴롭히던 사람도 다른 곳으로 갔어요. 이제야 좀 회사 생활의 흐름을 타는 법을 알 것 같아요."

다행이라고 생각했다. 두 번째 사람에게 같은 질문을 했다.

"작년은 별일 없으셨어요?"

"결국 이직했는데 괜히 옮겼나 봐요. 윗사람이 미워서 연봉 맞춰준다는 곳으로 수평 이동했는데요. 여기도 이상한 사람이 있더라고요. 올해 들어 덜 괴롭히는 것 같은데… 아무튼 이력서만 복잡해진 것 같아요."

두 사람에게서 공통점과 다른 점을 발견할 수 있다. 이직운이 들어온 점, 해가 바뀌고 직장 갈등이 개선된 점은 같다. 그러나 한 사람은 버티고 다른 한 사람은 이직했다는 점이 다르다. 작년에 힘들다가 올해 살 만하니 결과가 같다고 볼 수도 있다. 그러나 행복에는 큰 차이가 있다. 전자의 경우 작년을 잘 버텨내 자부심이 생겼고, 회사 생활에 통찰을 얻었다고 만족스러워했다. 후자의 경우 상황이 개선되었음에도 작년의 결정이 실수였을지도 모른다고 자책했고, 감사하는 마음보다는 혼란스러움이 컸다. 한마디로 한 사람은 만족을, 다른 사람은 불만을 마음에 품고 있었다.

—— 같은 운을 타고나도 그 크기가 달라지는 이유

명리학은 태어난 연월일시를 토대로 사람의 운명을 논한다. 인간에게는 각자 타고난 고유의 기운이 있고 그것이 살면서 겪는 길흉화복에 영향을 준다고 전제한다. 그래서 결정론적 운명론에 가깝다. 처음 사주 공부를 시작할 때 나는 무언가 이미 정해져 있다는 이 결정론적 운명론에 매우 끌렸다. 누구나 각각 겪는 고질적 문제와 어려움이 있고 그것이 그 사람의 노력과 정성이 부족해서가 아니라 어찌할 수 없는 세상의 법칙 또는 세상이 내게 부여한 성향과 역할 때문이라는 해석 때문이다. '나 역시 내가 부족해서가 아니었구나' 하는 위로를 받았다.

그러나 명리학의 눈으로 과거의 나를 어느 정도 이해하고, 수천 명의 운명을 들여다본 지금은 '결정론' 이상의 것이 있다고 생각한다. 실제 상담을 해보면 비슷한 사주여서 비슷한 모양의 삶을 살지 않을까 싶은데 그렇지 않다. 기본적인 성격이나 장단점이 비슷할지는 몰라도 직업이나 소득, 삶의 만족도가 사람마다 달랐다. 같은 상황에서 내리는 판단도 개인차가 있다.

같은 사주여도 삶의 디테일이 다른 이유는 무엇일까? 건강을 생각하면 이해가 쉽다. 유전적으로 건강하게 태어난 사람은 운이 좋은 생년월일시에 태어났다고 비유할 수 있다. 그러나 아무리 건강하게 태어나도 좋은 식습관을 가지고 운동을 좋아하는 성향을 지닌 사람과 어릴 때부터 공해가 많은 지역에 살고 음주·흡연·스트레스 속에 노출된 사람은 나이가 들었을 때 건강 상태가 같지 않을 것이다. 즉, 같은 사주를 타고났어도 어떤 환경 속에서 어떻게 자랐느냐가 삶의 모습을 상당 부분 바꾼다.

사주팔자가 좋아도 어떤 부모 아래 태어나, 어떤 환경과 생활습관을 갖느냐에 따라 타고난 운을 사용하는 정도에 개인차가 있다. 간혹 특정 질병의 DNA를 가진 경우라도 요즘은 미리 알면 어릴 때 처치를 하거나 자라면서 생활습관을 조심하여 발병을 막거나 피해를 줄이기도 한다. 팔자八字도 그렇다. 타고난 단점이나 어려운 시기를 미리 알고 조심하여 나쁜 운의 영향을 줄일 수 있다. 물론 타고난 장점이나 좋은 시기를 미리 알고 과감히 움직여 더 큰 결과를 꾀할 수 있다.

"사장님께서 올해 사업운을 물으셨는데, 올해와 내년은 새로운 일을 하기에는 운이 좋지 않습니다."

"이상하네요. 주변에서는 이런 아이템이 없다고 꼭 하라고 하는데, 정말 하면 안 되나요?"

이 상담의 주인공은 결국 사업을 추진했고 큰 손해를 보았다. 한참 시간이 흐른 뒤에 그의 지인들 중 반대하는 사람이 많았는데 자신의 의견에 찬성하는 몇몇의 이야기만 듣고 일을 무리하게 진행시켰다는 것을 알게 되었다. 거창하게 사주 분석을 하지 않아도 그는 스스로 '위험'을 충분히 알 수 있던 상황이었다.

사주 상담을 하며 만난 사람들 중 유난히 큰 성공을 거둔 사람을 자세히 살펴보면 우리와 다른 특별한 무언가를 가진 것이 아니었다. 다만 주변으로부터 걱정과 우려의 소리를 들으면 몸을 조심하고, 자신의 욕심을 조절하며, 일을 더 신중하게 진행하는 법을 알았다. 그뿐 아니라 그들은 자신과 상대 둘다 서로가 이로운 관계를 추구한다. 그렇지 못한 관계는 단호하게 정리한다. 철저한 자기관리로 정신적으로도 신체적으로도 늘 좋은 컨디션을 유지하기 위해 애쓴다. 그래서 타고난 팔자 대비 잘될 때 더 잘되고 어려울 때 최악을 피한다.

운은 정말로
존재하는가

월스트리트의 투자전략가이자 컬럼비아 경영대학원에서 재무를 가르쳐온 마이클 모부신Michael J. Mauboussin은 운과 성공에 대한 그의 저서에서 인상적인 체험을 하나 들려준다. 그가 어느 뉴욕 투자은행의 신입사원 면접을 보던 때의 일이다. 오늘날 투자은행이나 경영컨설팅 회사가 그렇듯, 당시도 여러 일대일 면접을 진행하고, 지원자에 대한 면접관 각각의 의견을 종합해 합격을 결정하는 방식이었다. 그는 일대일 면접을 여섯 번 진행하고 마지막으로 부서장과 한 번 더 보기로 되어 있었다. 여섯 번의 실무 면접이 끝나고 마지막 면접을 위해 부서장의 책상 앞에 앉았을 때 그의 눈에 들어온 물건이 하나 있었다. 미식축구팀 워싱턴 레드스킨스의 로고가 그려진 휴지통이었다. 오랜 스포츠팬이었던 모부신은 휴지통에 대한 부서장의 취향을 칭찬하며 대화를 시작했다. 그러자 부서장은 환한 미소를 보이며 자신이 워싱턴에서 보낸 시기와 미식축구, 그리고 선수들의 덕목에 관한 이야기를 늘어놓았다. 10분으로 예정된 면접 시간은 15분으로 늘어났다. 훗날 모부신에 따르면 그날의 대화는 지적인 논의라기보다 열정에 대한 공감이었다. 그럼에도 불구하고 모부신은 최종 합격했다. 그리고 몇 달 후, 다른 리더로부터 여섯 명의 면접관은 모부신의 채용에 반대했는데 부서장의 강력한 주장으로 합격했다는 이야기를 듣게 되었다.[●]

"그것은 운 때문이었다" ——

'운'이라는 것을 부정하는 사람들도 우리 주위에는 꽤 많다. 이를테면 마이클 모부신의 이야기를 듣고 모부신이 채용될 수 있었던 것은 '운' 때문이 아니라 면접관 앞에서도 긴장하지 않고 풋볼 이야기를 꺼내면서 분위기를 전환시킬 수 있는 '내공' 덕이었다고 말할 수도 있다.

● Michael J. Mauboussin(2012), "The Success Equation, Untangling Skill and Luck in Business, Sports, and Investing", Harvard Business Review Press.

과학적 사고를 신봉하는 사람들은 '자연현상이나 사회적 사건은 모두 인과관계가 있지만 우리가 인과관계를 완벽하게 모를 뿐, 운이라는 것은 세상에 없다'고 주장하기도 한다. 대표적인 예로 일기예보를 들 수 있다. 고대 농경·어로 경제사회에서는 내일 비가 올지 아니면 맑을지 알기 힘들었다. 고대 사회의 사람들에게 날씨는 '운'이었고 자신들이 어찌할 수 없는 영역이기 때문에 하늘에 기도하며 좋은 날씨를 기다렸다. 그러나 오늘날 날씨는 과학 이론과 통계로 예측이 가능하다.

언어학자 페르디낭 드 소쉬르Ferdinand de Saussure의 이론을 생각해보면 우리는 운에 대해 다음과 같이 완전히 다른 주장을 펼칠 수 있다.

"운의 과학적 실체 여부는 중요하지 않다. 운은 분명 우리 삶에 존재한다. 어떤 현상의 전체 또는 일부를 운이라고 오랜 기간, 그것도 전 세계인이 부르고 있기 때문이다."

그는 언어와 사물 사이의 관계에는 어떠한 존재론적 필요성도 없다고 말한다. 단어는 물리적 실재가 아니라 사회적 산물이라는 말이다. 소쉬르의 이론에 따르면 운은 존재한다. '준비가 부족했는데 일이 잘 풀렸다', '어려운 상황이 예상되었는데 과정이 쉬웠다', '부잣집 자식으로 태어났다' 등 예상 대비, 노력 대비, 실력 대비 등 머리로 이해할 수 있는 상황과 다른 좋은 결과를 얻었을 때 우리는 흔히 '운이 좋았다'고 말하지 않는가. 신입사원 시절을 떠올리며 모부신 역시 그의 책에서 이렇게 말했다.

"나의 취업은 쓰레기통 덕분이었다. 천운pure luck이었다."

명리학에서 말하는 운이란 ──

옛날 농경사회에서는 농사가 잘되는 것이 나라의 근본이었다. 농사는 날씨와 자연재해에 큰 영향을 받기 때문에, 안정적인 수확을 위해서는 자연 변화에 대한 깊이 있는 관찰과 이해가 필요했다. 언제 곡식을 뿌리고 김을 매며 추수해야 하는가에 대한 것 말이다. 이런 노력은 달력의 발달, 24절기의 개념 정립 등으로 이어졌다. 그런데 어떤 혁신적인 사람이 이 개념을 인간에게도 적용해보았다. 인간도 자연의 일부이니 자연 변화의 원칙을 인간에게 적용할 수 있겠다는 발상의 전환이었다. 이후 '우연'으로만 치부되던 인간사들이 '필연'으로 이해되기 시작했다. 명리학의 기본 개념도 여기서 출발한다.

명리학에서는 한 사람의 일생에서 벌어지는 일의 인과관계를 '출생'에서 찾는다. 어떤 사람이 특정 연월일시에 태어나면 그에 따라 성격·기호·장단점·건강 등에 대한 'DNA'가 규정되고, 그

DNA가 특정 시점에 어떻게 주변 환경과 상호작용할지 안다는 것이다. 한마디로 태어날 때 삶의 많은 것이 정해진다는 입장이다.

그러면 명리학에서 말하는 운은 과연 무엇인가? 생년월일시에 기반을 둔 타고난 DNA는 정적靜的인 불변의 기호다. 이것을 명命이라고 한다. 매년 바뀌는 시점의 기운과 타고난 DNA는 동적動的으로 상호작용하며 '운運'을 만들어낸다. 운運의 한자는 운동運動의 운 자와 같다. 움직인다는 뜻이다. 고정불변한 존재라면 다른 한자를 썼을 것이다. 타고난 성격, 장단점은 불변하지만, 언제 어디에 내가 존재하느냐에 따라 운의 모습이 변한다.

명命 - 생년월일시, 고정적이고 불변한다.

운運 - 시간의 흐름과 '명'이 만나 움직인다.

정리하면 운이란 타고난 나의 특징(명命)을 토대로 특정 시간·장소에 처한 내가 주변 환경과 교류하는 모습 일체를 뜻한다. 자연의 존재로 태어난 나의 특징은 원래 장단長短이 없고, 선악善惡이 없다. 그러나 어느 시점, 어느 장소에 처하느냐에 따라 성과를 내기도 하고 실수를 저지르기도 한다. 아프기도 하고, 남에게 피해를 주기도 한다. 칭찬을 받기도 하고 비난도 받는다. 가족과 화목하기도, 불화하기도 한다. 정해진 미래는 없다. 다만 명리학 이론을 토대로 '이 생년월일에 태어난 사람은 이 시기에 이런 환경에 처하게 될 가능성이 있다'라고만 알 뿐이다.

나는 한 사람의 운명은 70퍼센트 정도 정해져 있고 나머지 30퍼센트는 노력으로 변화한다고 본다. 단순하게 항목별로 열 개 중에 일곱 개 정도가 정해져 있고, 세 개 정도는 가변적이라는 것은 아니다. 거시적으로는 큰 그림이 정해져 있고 미시적으로는 변화의 여지가 있다는 것이다.

거시적인 부분은 타고난 건강(체질), 재능, 성격, 기호와 같이 의지로 바꾸기 힘들지만 우리 생각과 행동에 가장 큰 영향을 주는 것들을 말한다. 여기에 사주명리 이론상 특정 시기에 주변 환경이 나에게 유리한가 불리한가의 흐름도 여기에 포함된다. 변화의 여지가 있는 미시적인 것은 주로 성인이 된 이후에 의지와 노력으로 할 수 있는 학문과 기술의 습득, 건강, 인맥, 투자, 커리어와 관련된 의사결정 등이다.

사실 운에 있어 거시적 영역의 영향은 매우 크다. 대개 어린 시절의 건강, 재능, 성격, 기호에 따라 청년기 학업이나 초기 직업선택이 결정되기 때문이다. 그러다 보니 성인이 된 이후의 미시적인 노력들이 거시적으로 결정된 사항들을 뒤집기 어려운 경우가 많다. 그래서 70퍼센트라는 가중치를 — 일종의 은유로서의 비중을 — 부여한 것이다.

희망적인 점은 21세기와 같이 기술이 급변하고 과거의 경험과 권위만으로 성공을 지속하기 어려운 시기에는 미시적 선택으로 개선될 수 있는 여지가 커진다는 것이다. 기존의 성공 방정식이 자주 폐기되기 때문이다. 타고난 운대로 70퍼센트의 거시적 요인에 지배받고 살기보다 30퍼센트의 미시적 요인, 변화 가능한 운에 관심을 가져야 하는 이유가 바로 여기에 있다.

운은 어떻게
움직이는가

명리학 공부를 한 지 몇 년쯤 되었을 때 나는 직장을 그만두고 박사 과정을 밟았다. 당시에는 박사 과정을 밟아야 더 나은 커리어를 쌓을 수 있으리라 생각했다. 하지만 그 선택으로 인해 경제적으로도 심적으로도 어려움을 크게 겪었다. 그런데 훗날 사주 분석을 해보니 내 팔자는 교수나 연구원 팔자가 아니었다. 명예운을 뜻하는 '관운官運'이 발달한 사주도 아니고, 차분하게 한 조직에 속해서 연구하기에는 사주의 역동성이 강했다.

분명 나는 명리학을 공부한 사람이고 그러면 내 사주에서 운의 흐름 정도는 파악할 수 있었는데, 어째서 명리학상 실수라면 실수인 이런 선택을 했던 것일까? 나의 사주를 분석하는 실력이 부족했던 것일까?

그건 아니었다. 남이 같은 사주를 가지고 와서 어떠냐고 물어봤다면 박사 공부를 하지 말라고 했을 것이다. 다만 당시에 해외 MBA를 다녀온 유학파 친구들이 젊은 나이에 높은 연봉을 받는 것이 부러워 나도 학위를 따야겠다는 생각이 강했을 뿐이다. 해외 MBA 가기에는 늦었으니 국내 박사면 그들과 비슷해지지 않을까라고 혼자 상상했다. 지금 돌아보면 그 시기의 사주는 직업운이 불안정하고 합리적인 판단을 내리기에 마음이 붕 떠 있는 시기였다. 불안이 충동적인 선택으로 이어져 사직과 함께 학업을 선택했던 것이다.

'백번 사주를 통해 내 운을 들여다봐도 깨닫고 적용하지 않으면 무용지물이구나.'

그때의 경험으로 얻은 값비싼 깨달음이다.

—— 움직이지 않으면 소용없다

물론 박사 과정을 밟았던 3년을 후회하지 않는다. 경영을 순수 학문의 관점에서 바라보면서 현장의 실무에도 새로운 시각이 생겨 좋았고, 훌륭한 교수님·학우 들과의 인연도 감사했다. 그러나 커리어 관점에서 냉정히 보면 '팔자에 없는' 박사학위를 받은 것이고, 긴 시간을 돌아 제자리로 복귀한 것이었다. 결정적으로 경제적·정신적 비용이 너무 컸다. 사주를 알면서도 간과한 내 자신이 어리석게 느껴졌다.

타고난 팔자 DNA를 분석하고, 이를 그때그때 맞닥뜨리는 환경의 특징과 조합해 한 사람의 운을 분석하는 명리학은 매력적인 예측 도구이자 코칭 도구다. 그런데 우리 주변에는 사주 외에도 고민을 정리하고 결정을 내리는 데 도움되는 방법이 많다. 코칭·멘토링도 있고, 해당 분야 전문가에게 컨설팅을 받아도 된다. 명리학 고수에게 운명을 분석받든, 일류 컨설턴트에게 자문을 받든, 인생의 큰 선택과 결정 앞에서는 심사숙고하는 시간이 필요하다. 그리고 그런 선택과 결정을 내릴 때는 타인의 이야기를 열린 귀로 듣고 강한 의지로 실천하지 않으면 약을 처방받아놓고도 먹지 않는 환자와 같다. 아무 소용이 없는 것이다.

나를 바로 알고 때를 기다린다 ───

그러면 부족했던 '실천'은 도대체 무엇일까? 객관적인 컨설팅, 코칭 그리고 사주명리의 조언을 따르는 것이다. 미시적인 30퍼센트, 노력으로 바꿀 수 있는 작은 것들부터 차근차근, 꾸준히 시도해야 인생에 좋은 변화를 불러일으킬 수 있다. 그런데 작고 꾸준한 시도는 실천하기에 번거롭거나 마음에 들지 않는 것들이거나 성과가 빨리 나지 않는 경우가 많다. 생각해보라. 책을 읽겠다, 영어 공부를 하겠다, 운동을 하겠다 등의 결심을 얼마나 지속했는지. 사소한 일이라도 꾸준히 한다는 것은 절대 쉬운 일이 아니다. 며칠 운동한다고 당장 몸에 근육이 붙거나 체중이 줄지도 않는다. 제삼자 관점에서 의미 있는 조언을 따르는 것도 비슷하다. 사람은 각자 자기만의 사고 체계를 가지고 있다. 그것은 타고난 성격과 자랐던 환경을 바탕으로 몇십 년 동안 쌓아 만들어진 것이다. 한두 번의 충고, 단 몇 분의 조언으로 바로 바뀌지 않는다. 그러니 아무리 옳은 조언이어도 자신의 기존 사고 체계에 반하는 타인의 말은 받아들이기 쉽지 않다.

이를 명리학의 관점에서 설명해보면 운을 움직이기 위해 크게 두 가지 어려움을 극복해야 한다는 것을 알 수 있다. 첫 번째는 생년월일시, 사주팔자로 결정되는 그 사람의 특징(기운)이라는 어려움이다. 목木의 기운이 강하면 나무의 특징을, 화火의 기운이 강하면 불의 특징을 기본적으로 가지고 있다고 본다. 명리학은 자연 속의 개인을 표현하는 이론으로 기본적으로 제약이 많다. 나무로 태어나 뿌리가 땅에 박혀 있으면 마음대로 사는 곳을 옮길 수 없다.

태양으로 태어났으면 땅으로 내려올 수는 없다. 이처럼 아예 바꿀 수 없는 몇 가지 특징을 각자 가지고 있어 강력한 의지나 꾸준한 노력 없이는 그 변화가 어렵다고 본다.

두 번째는 시기의 어려움이다. 가을에 씨 뿌리면 벼가 자라지 않는 것처럼, 비바람이 오면 고기잡이를 나갈 수 없는 것처럼, '때'를 얻지 못하면 모든 일은 노력만으로 이루기 어렵다. 이 두 가지 어려움은 할 수 있는 것을 차근차근 하며 때를 기다리는 것으로 대처할 수 있다. 그러면 다가올 좋은 운이 증폭되고, 어려운 시기의 고통을 줄일 수 있다. 이것이 우리가 운을 움직이는 방법이다.

그렇다. 한 가지 단기 비법으로 운을 움직일 수는 없다. 그나마 하지 않으면 타고난 단점으로 인한 한계를 그대로 겪으며 살게 된다. 작은 변화를 꾸준히 하는 것이 어렵기 때문에 팔자대로 사는 경우가 많고, 그 결과 결정론적 운명관을 주장하는 사람들이 득세했다고 생각한다.

내 운
읽는 법

여기 일부 소개하는 이론은 '사주팔자의 분석 원리'와 '내 사주의 간단한 특징'에 관심이 있는 독자를 위한 일종의 맛보기다. 이것만 읽었다고 정확한 사주 감정을 할 수 있는 것은 아님을 미리 알린다. 이론에 관심이 없다면 건너뛰어도 무방하다.

사주四柱의 한자는 넉 사四 자에 기둥 주柱 자를 쓴다. '네 개의 기둥'이라는 뜻이다. 네 개의 기둥은 연·월·일·시 네 가지 정보를 표현한다. 2020년이 경자년庚子年이듯, 매월·매일·매시는 각각 두 가지 한자로 구성되어 있다. 분석을 할 때에는 관습상 세로로 쓴다. 다음 표는 양력 2020년 12월 31일 낮 12시라는 연·월·일·시의 정보를 각각 두 가지 한자로 표현하고, 이를 세로로 쓴 것이다.

	시時	일日	월月	연年
천간	무戊	무戊	무戊	경庚
지지	오午	신申	자子	자子

| 양력 2020년 12월 31일 낮 12시 출생자의 사주팔자 |

해당 시기는 경자년庚子年 · 무자월戊子月 · 무신일戊申日 · 무오시戊午時로 표현된다. 네 가지 정보를 세로로 적은 것이 마치 기둥과 같다고 해서 네 개의 기둥, 사주四柱라고 하고, 한자 수가 여덟 개라서 '팔자八字'라고 부른다. 합쳐서 '사주팔자四柱八字'라고 칭한다. 이 시기에 태어나면 위와 같이 여덟 글자를 바탕으로 하는 DNA(기운 또는 특성)를 가지게 된다는 것이 명리학 이론의 대전제다. 요즘은 인터넷이나 모바일 앱 등으로 자신의 생시 정보를 사주팔자로 쉽게 변환할 수 있으니 각자 시도해보기를 권한다.

천간과 지지 ——

앞에서 생년월일시에 의해 나온 여덟 글자 중 윗줄에 있는 글자를 천간天干이라고 한다. 천간에는 '십간'이라는 열 가지 글자가 온다. 갑甲·을乙·병丙·정丁·무戊·기己·경庚·신辛·임壬·계癸다. 아랫줄에 있는 글자는 지지支地라고 부른다. 지지에는 자子·축丑·인寅·묘卯·진辰·사巳·오午·미未·신申·유酉·술戌·해亥 열두 글자, 즉 십이지에 해당하는 글자들이 온다. 모두 합해 22개의 글자는 각각 나무(목木)·불(화火)·흙(토土)·쇠(금金)·물(수水)이라는 다섯 가지 자연 요소, 즉 오행五行의 속성을 가지고 있다. 이를테면 천간 중 임壬, 계癸, 지지 중 해亥, 자子는 '수'라는 오행적 특성을 가진다.

　오행의 각 다섯 항목은 양陽과 음陰으로 나누어진다고 본다. 이를 음양오행陰陽五行이라고 부른다. 스물두 개의 글자는 '양의 목(천간의 갑, 지지의 인)', '음의 토(천간의 기, 지지의 축·미)' 등 음양오행의 어느 하나를 의미한다.

갑甲	을乙	병丙	정丁	무戊	기己	경庚	신辛	임壬	계癸
양陽	음陰	양陽	음陰	양陽	음陰	양陽	음陰	양陽	음陰
목木		화火		토土		금金		수水	

| 천간과 음양오행 |

자 子	축 丑	인 寅	묘 卯	진 辰	사 巳	오 午	미 未	신 申	유 酉	술 戌	해 亥
음 陰	음 陰	양 陽	음 陰	양 陽	양 陽	음 陰	음 陰	양 陽	음 陰	양 陽	양 陽
수 水	토 土	목 木	목 木	토 土	화 火	화 火	토 土	금 金	금 金	토 土	수 水

| 지지와 음양오행 |

이에 따라 예시의 양력 2020년 12월 31일 낮 12시에 태어난 사람의 사주를 음양오행으로 표현하면 다음과 같다.

시時	일日	월月	연年
무戊 (양의 토)	무戊 (양의 토)	무戊 (양의 토)	경庚 (양의 금)
오午 (음의 화)	신申 (양의 금)	자子 (음의 수)	자子 (음의 수)

| 양력 2020년 12월 31일 낮 12시 출생자의 음양오행 |

명리 상담자들이 말하는 '내 팔자에는 물이 많고 불이 없다'라는 등의 이야기를 이제는 이해할 수 있을 것이다. 위의 경우 토가 세 개, 금이 두 개, 수가 두 개, 화가 한 개다. 만약 목이 없다는 것을 알아차리고, 토·금·수·화의 개수가 서로 다른 것이 무엇을

뜻하는지 궁금하다면 사주 공부에 타고난 감각이 있다고 자부해도 된다.

── 오행의 의미

목·화·토·금·수의 오행은 나무·불·흙·쇠·물이라는 자연 요소를 의미한다. 사주를 풀이할 때는 이 오행의 성질을 인간 사회의 속성으로 치환해 설명한다. 여기서 간단히 말하면 다음과 같다.

목은 '나무'로, 오행 가운데 유일한 생명체다. 따라서 삶의 목표와 방향성, 다른 사람을 이해하는 어진 마음을 뜻한다. 사주에 목이 없으면 목표가 불분명하거나 남을 배려하는 여유가 부족해질 수 있다. 반면에 목이 너무 많으면 강한 나무의 완고함처럼 고집이 세지는 특징도 있다.

화는 '불'로, 대지에 에너지를 주거나 밤의 어둠을 밝혀주니 다른 사람의 성장이나 생존을 돕는 의미가 있다. 불은 금속을 녹여 유용한 도구를 만들 수 있으니 변화와 혁신을 상징하기도 한다. 사주에 화가 없으면 남을 실질적으로 돕는 마음이 적거나 현실에 안주하는 경우도 있다. 반면에 화가 너무 많으면 과도한 열정으로 일을 그르칠 수도 있다.

토는 '흙'으로, 거주와 농사의 근본이며 삶의 토대이자 생산의 근간이다. 사주에 토가 없으면 기반이나 중심이 부족하니 생각이 있더라도 오래 실천하지 못할 수 있다. 토가 너무 많으면 흙 속에 여러 가지가 매몰되니 자기중심적이거나 행동의 결실이 빛을 늦게 볼 수도 있다.

금은 '쇠'로, 차가운 금속이 상징하는 냉정함, 칼처럼 물건을 자르는 날카로움을 의미한다. 엄격함과 규정을 준수하는 마음을 뜻한다. 금이 없는 사주는 자기 절제가 부족할 수 있고, 금이 너무 많으면 유연성이 부족할 수 있다.

수는 '물'로, 생명 잉태의 본질로서 새로움의 시작이니 창의성과 지혜를 뜻한다. 또한 물은 흘러가는 존재이니 물건과 지식이 유통되는 교류를 의미하기도 한다. 수가 사주에 없으면 자기 생각만 고집하지 말고 주변의 지혜를 구해야 한다. 반면에 수가 너무 많으면 나무가 물에 썩고, 고인 물이 부패하듯 늘 새로움에 대한 자기반성이 필요하다.

이와 같은 오행에 대한 설명은 일반론이며 사주의 여덟 글자 안에서 주변의 다른 오행과의 관계를 바탕으로 종합적으로 해석해야 정확한 파악이 가능하다. 여기서는 본인 사주의 오행 유무와 과다를 통해 간단히 자신의 특성(기운)을 파악하는 정도로만 참고하길 바란다.

오행	오행 특성
목木	목표, 방향성, 배려, 교육과 의료
화火	생명의 유지 및 성장, 변화와 혁신
토土	거주와 생산의 근간, 중심을 잡는 토대
금金	단호함과 날카로움, 규정 준수
수水	새로움의 시작, 지식과 지혜, 유통과 교류

| 오행별 특성 |

── 십신

여기까지 알면 음양과 오행을 통해 내 사주가 어떤 기본 특성을 가지고 있는지 알 수 있다. 이번에는 좀 더 나아가 사주를 보면서 빨리 결혼하지 말라, 주식 투자를 조심하라 등 운의 흐름이나 시기는 어떻게 볼 수 있는지 이야기해보자(여러 번 말하지만 심도 깊은 사주 분석을 하려면 본격적인 공부가 필요하다. 여기서는 원리 정도만 소개한다). 그러려면 십신十神을 알아야 한다. 십신의 신神은 명리학에서 '나와 관계된 열 가지 존재, 또는 존재에 영향을 미치는 기운'으로 해석하면 적절하다.

살면서 하는 고민은 크게 두 가지로 볼 수 있다. 가족·친구·직장상사 등 인간관계가 하나이고, 건강·돈·명예·공부와 같은 목표 및 성과와 관련된 것이 다른 하나다. 웬만한 인간사 사연들 중에 이 두 가지 안에 들어가지 않는 것이 없다. 십신은 인간관계와 목표 및 성과에 대한 삶의 요소들을 열 가지로 정리한 것이다.

사주에서 십신을 보려면 우선은 '나'를 나타내는 글자를 찾아야 한다. 사주팔자 중에서 태어난 날의 천간에 해당하는 글자가 나 자신을 나타내는 글자다. '나'를 둘러싸고 있는 나머지 일곱 글자는 삶에서 중요한 인간관계와 목표 및 성과를 뜻한다. 열 개의 속성인데 나머지 글자가 일곱 개인 이유는 모든 것을 다 가진 사람은 없다는 뜻이다.

십신의 원리는, 인생사는 다음의 다섯 가지 관계 안에서 벌어진다는 통찰에서 비롯된다.

나와 동등한 입장에서 돕거나 경쟁하는 대상 - 비겁比劫(비견比肩과 겁재劫財)

내가 돕는 대상 - 식상食傷(식신食神과 상관傷官)

나를 돕는 대상 - 인성印星(정인正印과 편인偏印)

내가 통제하는 대상 - 재성財星(정재正財와 편재偏財)

나를 통제하는 대상 - 관성官星(정관正官과 편관偏官)

동등한 입장이라는 것은 나와 오행이 같은 속성을 말한다. 내가 목인데 다른 대상도 목인 경우다. 돕는 대상이라는 것은 오행의 특징에서 착안한다. 물을 나무에 주면 자란다(수는 목을 돕는다). 나무는 땔감이 되어 불을 키운다(목은 화를 돕는다). 따뜻한 열기는 추운 대지에 온기를 주어 곡식이 자라게 한다(화는 토를 돕는다). 흙이 뭉쳐 바위가 되며 바위는 광물로 금속성이다(토는 금을 돕는다). 산속의 바위는 수원지水源地가 되어 한 방울, 한 방울 물을 만들고 이것이 흘러 내려 강과 바다를 이룬다(금은 수를 돕는다). 만약 내가 목이면 내가 돕는 오행은 화이고, 나를 돕는 오행은 수가 된다.

통제한다는 것도 오행의 특징을 관찰하면 알 수 있다. 나무가 뿌리를 내려 흙을 자신의 몸의 일부로 잡고 있다(목은 토를 통제한다). 흙은 제방이 되어 물의 흐름을 제어한다(토는 수를 통제한다). 물은 불을 끈다(수는 화를 통제한다). 불은 원석을 녹여 유용한 보석이나 철기구를 만든다(화는 금을 통제한다). 도끼나 칼은 나무를 벨 수 있다(금은 목을 통제한다). 만약 내가 목이면 내가 통제하는 오행은 토이고, 나를 통제하는 오행은 금이 된다. 이런 다섯 가지 관계에 각 오행이 음양의 두 가지 경우가 있으므로 열 가지 속성, 십신이 되는 것이다. 구체적으로 십신에는 비겁(비견, 겁재), 식상(식신, 상관), 인성(정인, 편인), 재성(정재, 편재), 관성(정관, 편관)이 있다. 십신의 원리로 다음과 같이 간단하게 운을 가늠할 수 있다.

가령 어떤 사람의 사주에 '편재'가 유리하게 구성되어 있으면

십신	나와의 관계	인간관계	목표·성과
비견比肩	나와 같은 오행, 같은 음양	동성형제·친구	동업, 협력관계
겁재劫財	나와 같은 오행, 다른 음양	이성형제·경쟁자	경쟁관계
정인正印	나를 돕는 오행, 다른 음양	어머니	문서운, 학업운, 생업을 위한 기술
편인偏印	나를 돕는 오행, 같은 음양		
식신食神	내가 돕는 오행, 같은 음양	(여성에게) 자녀	성실성, 한 우물을 파는 노력
상관傷官	내가 돕는 오행, 다른 음양		열정과 창조
정재正財	내가 통제하는 오행, 다른 음양	(남성에게) 부인·이성친구	안정적 수입
편재偏財	내가 통제하는 오행, 같은 음양		고위험 고수익
정관正官	나를 통제하는 오행, 다른 음양	(여성에게) 남편·이성친구, (남성에게) 자녀	조직운
편관偏官	나를 통제하는 오행, 같은 음양		조직운 (다소 엄격한 문화)

| 십신 관계 요약 |

'재테크 운', '뜻밖의 재물운이 있다'고 보는 식이다. 물론 십신의 개수와 분포, 해당 십신이 어떤 오행인지에 따라 해석의 차이는 있지만 명리학에서는 이 십신으로 내게 유리한 인간관계와 목표, 성과 등을 가늠한다.

사주 분석이 복잡해 보이지만, 사실 나와 십신 간의 균형관계를 통해 유리한 운과 불리한 운을 이해하면 끝나는 것이다. 다만 경우의 수가 복잡해서 이론을 완벽히 암기해도 경험을 쌓지 않으면 엉뚱한 분석을 하게 되는 경우가 많다. 거듭 강조하지만 공부 없이 섣불리 사주 분석을 하는 것은 위험하다.

—— 대운과 세운

이번에는 운이 좋은 시기, 나쁜 시기는 어떻게 알 수 있는지 살펴보자. 타고난 사주팔자는 평생 변하지 않지만, 매년 새로운 해가 온다. 매년의 운을 세운歲運이라고 부른다. 타고난 여덟 글자에 대입해 올해 필요한 오행과 필요한 십신이 들어오는지 아닌지를 보고 이 시기의 길흉吉凶을 판단한다.

여기에 하나 더 고려할 것이 있다. 바로 10년 단위로 변하는 환경운인 대운大運이다. 대운은 대박운이 아니라, 유리할 수도 불리할 수도 있는 운을 말한다. 인터넷이나 모바일 앱의 만세력에 생년월일을 입력해 사주팔자로 변환하면 대운도 같이 보여주는데, 대운도 두 글자, 세운도 두 글자로 나타난다.

앞서 이야기한 양력 2020년 12월 31일 낮 12시 태어난 사람을 가정해보자. 대운 흐름은 남녀가 다르다. 여기서는 남성을 가정한

시時	일日	월月	연年
비견	나	비견	식신
무戊 (양의 토)	무戊 (양의 토)	무戊 (양의 토)	경庚 (양의 금)
오午 (음의 화)	신申 (양의 금)	자子 (음의 수)	자子 (음의 수)
정인	식신	정재	정재

72	62	52	42	32	22	12	2
편인	정관	편관	정재	편재	상관	식신	겁재
병丙	을乙	갑甲	계癸	임壬	신辛	경庚	기己
신申	미未	오午	사巳	진辰	묘卯	인寅	축丑
식신	겁재	정인	편인	비견	정관	편관	겁재

| 양력 2020년 12월 31일 낮 12시 출생한 남성의 사주팔자(위)와 대운(아래) |

다. 이 남성의 대운은 2·12·22 단위로 진행되는데, 만 나이 2세부터 10년은 기축己丑 대운, 만 나이 12세부터 10년은 경인庚寅 대운의 환경에 있다고 볼 수 있다. 만세력에 따라 만 나이를 쓰지 않는 곳도 있으니 개별적으로 참고해야 한다.

'나'를 뜻하는 글자가 태어난 일日의 천간이라고 했으니 '무戊',

즉 양의 토가 나의 본질이 되고, 나머지 일곱 글자가 타고난 십신의 속성이다. 나를 돕는 '음陰의 화火'가 하나(오午), 나와 동등한 입장에서 돕는 '양陽의 토土'가 두 개(무戊)이며, 내가 돕는 '양陽의 금金'이 두 개(경庚, 신申), 내가 통제하는 '음陰의 수水'가 두 개(자子)다. 내가 돕거나 통제한다는 것은 내 기운이 빠져나가는 의미다. 종합하면 나를 돕는 기운은 세 개이고, 내 기운을 빼가는 기운은 네 개이니, 살면서 만나는 대운이나 세운에서 나를 돕는 운이 오면 반가운 사주가 된다.

또 하나 주목할 점이 있다. 이 사례의 주인공(무戊)은 겨울에 태어난 흙이다. 정오에 태어나 겨울치고는 밤보다 덜 춥기는 하지만 차가운 땅의 기운을 타고난 사람인 것이다. 그래서 세운이나 대운에서 나를 도울 것이 온다면 이미 두 개나 있는 '토'보다는 따뜻함과 도움을 동시에 주는 '화'가 더 반가운 사주다.

그러면 이 사주는 좋은 사주인가, 나쁜 사주인가? 사주는 아주 특별한 상황을 제외하고는 장단점이 있을 뿐, 좋고 나쁘다고 이분법으로 가르기는 어렵다. 그러나 시기별로는 어느 정도 유·불리를 조언할 수 있다. 주로 대운을 중심으로 큰 그림을 이야기한다. 대운은 천간과 지지를 모두 참고하지만 지지를 더 중시한다. 앞선 사례로 설명하면 대운의 흐름이 매우 좋다고 할 수 있다. 12세부터 10년 단위로 인寅·묘卯·진辰의 30년, 이어서 사巳·오午·미未의

30년 대운이 이어지는데, 비록 진과 미는 토土이지만 인·묘·진은 묶어서 목木의 30년, 사·오·미는 묶어서 화火의 30년으로 볼 수 있다. 따라서 사례의 대운표에서 '진'과 '미'도 각각 목의 대운 30년, 화의 대운 30년에 속할 수 있다. 이 사주의 주인공은 불이 반가운데, 나무는 불의 땔감이 되니 목의 대운 30년은 좋고, 이어서 불이 들어오는 대운 30년도 필요한 운이니 좋다고 본다.

그러나 석정도 있다. 이 사주의 가장 큰 약점은 물이 너무 강한 것이다. 사주팔자에 '수'가 두 개 있는데 '양의 금'인 '경庚'과 '신申'은 수원지가 되어 물을 더 키운다. 양陽의 금金은 산속의 바위로, 한 방울씩 물을 만드는 수원지가 되기 때문이다. 이러면 사주의 지지가 물바다 수준이다. 이런 상황에서 목의 대운을 만나면 '수는 목을 돕는다'는 이론에 따라 넘치는 물의 기운을 덜어주니 좋다.

문제는 32세부터의 임진壬辰 대운이다. 이 책에서는 소개하지 않았지만 신申·자子·진辰 세 글자가 만나면 강력한 물의 세력(수국水局)이 형성되어 사주의 지지가 물바다가 되는 이론이 있다. 세 글자가 만나 변화를 만들어 삼합三合이라고 부른다. 신·자·진 삼합의 결과는 수水가 된다. 대운의 천간도 물을 뜻하는 임壬이다. 이때 시時의 지지에 있으면서 나를 돕고 온기를 주는 불인 오午라는 좋은 기운이 강한 물에 꺼질 수 있다.

이처럼 내 사주에 좋은 운으로 유용하게 쓰는 기운을 용신用神

이라고 부른다. 32세부터의 10년 동안은 용신이 꺼질 수 있으니 매사에 조심해야 된다. 특히 만 32세가 되는 2052년은 임진 대운이 시작하는 시기이자 그해의 세운이 임신년壬申年이라는 점에서 더욱 우려된다. 대운 환경도 10년이 물바다 상황인데 그해의 운인 세운에서도 임壬은 물이고, 신申은 수원지가 된다. 대운과 연합해 그해는 온통 사주가 물바다가 되어 용신인 오午라는 불이 꺼지기 더욱 쉽다.

나를 뜻하는 글자가 토土이니, 수水가 넘쳐서 생기는 문제는 십신으로 보면 정재나 편재와 관련된다. 남성에게 정재나 편재는 돈과 여성을 뜻하므로 돈 관리나 이성 문제를 조심해야 함을 의미한다. 인생 최대의 위기라고 생각하고 건강부터 사업, 가족관계도 모두 철저히 점검해야 한다. 무戊라는 흙 세 개가 모여 큰 토양이 되었는데 그 안이 모두 물로 넘치니 토사가 붕괴한다고도 볼 수 있을 정도이기 때문이다.

── 다른 중요 이론들

분석의 정밀도를 높이기 위해 더 공부해야 정확한 사주 감정을 할 수 있다. 대표적인 이론으로는 오행 간의 밀고 당김에 대한 합충슘沖이 있다. 앞서 소개한 삼합도 이중에 하나다. 지지호地 안에 숨은 천간天干들이 있어 지지의 속성을 더 세밀하게 설명하는 지장간地藏干 이론도 분석의 정밀도를 높인다. 인생사의 생로병사를 12단계로 표현한 십이운성十二運星 이론도 중요하다. 십이운성 이론은 특히 사주가 곤경에 처할 때를 정확하게 잡아내는 데 주효하다. 합충 이론 외에도 삼형三刑을 대표적으로 하는 형刑에 대한 이론도 변화를 감지하는 데 도움이 된다. 각 이론 활용의 가중치는 명리학자들마다 개인차가 있다.

많은 사람들이 사주를 다 자세히 공부할 필요는 당연히 없다. 그러나 종종 연초나 연말에 사주를 보러 가거나 힘든 일이 있어 사주를 보게 된다면 기본적인 단어 등은 숙지하고 명리 전문가를 만나 인생의 큰 고민을 묻는다면 그냥 내 운이 어떻게 될 것인지 묻는 것보다 도움이 될 것이다. 사주를 잘 활용하기 위해서는 단순히 운이 좋고 나쁨을 따지기보다 내가 어떻게 행동을 하거나 혹은 하지 않는 것이 좋은지를 알아야 한다. 좋거나 나쁜 일은 한 번의 행동으로 결정되는 게 아니라 앞서 말했듯이 미세한 행동들이 축적되어 만들어지기 때문이다.

태어날 때부터 대략적으로 정해져 있다면 내게 부족한 부분은 무엇인지 알고 그 부족한 부분이 인생의 중요한 시기에 발목을 잡지 않도록 조심하고, 내가 잘하는 부분은 더 잘 발전시킬 수 있도록 노력해야 한다. 인생에 다가올 큰 운을 그대로 받아들이기 위해서는 그 운의 크기에 걸맞는 그릇이 필요하다. 내 운의 그릇을 크게 만들고 싶다면 반드시 불운을 불러오는 행동을 줄이고, 행운을 불러오는 행동의 수를 늘려야 한다.

제
2
장

운을 밀어내는 습관

運

어느 성악가로부터 좋은 운의 원리와 일맥상통하는 이야기를
들은 적이 있다.
"목 관리를 어떻게 하십니까?"
"목에 나쁜 것들을 피합니다."

아무리 목에 좋은 음식을 먹어도, 카페인·술·담배를 같이하면
성대가 유지되지 않는다는 것이다. 매일 과음하면서 새벽에
운동한다고 해서 평생 건강할 리 없다. 운도 마찬가지다. 한두
번 운이 좋기를 바란다면 운에 좋은 행동만 해도 될지 모른다.
그러나 평생 좋은 운을 유지하고 싶다면 운에 나쁜 것을 우선
피해야만 한다. 2장에서는 평생 좋은 운을 곁에 두며 살기 위해
피해야 할 행동을 소개한다.

잘하는 일보다 하고 싶은 일을 우선한다

"사주에서는 하고 싶은 일을 하라고 권하나요, 잘하는 일을 하라고 권하나요?"

상담하다 보면 자주 듣는 질문이다. 이에 대해 명리학의 입장은 명확하다. '잘하는 일은 직업이고, 하고 싶은 일은 취미'가 답이다. 그러나 많은 사람들이 하고 싶은 일과 잘하는 일을 구분하지 못해 성공하지도 행복하지도 못한 경우를 많이 겪는다. 이것이 나쁜 운을 부르는 행동으로 '하고 싶은 일 때문에 잘하는 일을 외면하는 경우'를 가장 먼저 소개하는 이유다. 명리학의 관점에서는 '잘하는 일을 하며 사는 것은 세상에 기여하며 세상을 유지시키는 위대한 일'이라고 본다.

40대인 K 씨는 명문대 이공계를 졸업했다. 대학을 졸업할 당시에는 경기가 좋아서 K 씨 정도라면 어느 대기업이든 갈 수 있었다. 그러나 어린 시절부터 좋아하던 음악을 평생 하고 싶었기에 석사를 음악 분야로 공부했고, 20대 후반부터 전문 음악인의 길을 걷기 시작했다.

그의 이야기를 들은 시점은 그가 음악을 시작한 지 이미 15년 이상 흐른 후였다. 그는 30대에 여러 음악을 발표하기도 하고 영화음악에도 참여하는 등 업계에서 인정받는 여러 활동을 하긴 했지만 그 기세를 꾸준히 이어가진 못했다. 특히 40대에 들어서고는 두드러진 작품 활동을 거의 하지 못했고, 계약직으로 음악을 시작하려는 학생들을 가르치는 일을 하고 있었다. 자신의 생각처럼 일이 풀리지 않으니 늘 마음이 불안하고 초조하다고 했다.

사주 분석을 해보니 K 씨는 '도화桃花'의 기운을 타고난 사람이었다. 도화는 많은 사람에게 관심을 받는 기운이라 옛날에는 다소 부정적으로 여겨졌으나 오늘날에는 사람들의 주목을 끌고 사람들에게 매력적으로 다가가는 기운으로 긍정적으로 여겨지고 있다. K 씨는 이 도화의 기운이 초년에 강화되어 있었다.

또 10년 단위로 바뀌는 대운을 분석해보니, 10대 후반 20대 초반에 '식신'과 '상관'이 들어왔다. 식신과 상관을 합쳐 식상이라 부르는데 식상은 열심히 일하는 생업의 기운이기도 하지만 무언가를 만드는 에너지라는 점에서 그 기운이 강하면 '무에서 유를 창조하는 일', 예술적인 소질로도 간주한다. 그런데 사주 구조상 도화가 초년의 식상운과 서로 끌어당기고 있었다. 전문용어로 합슴이라고 하는데, 이런 구조의 사주는 해당 시기에 예술 쪽으로 관심이 매우 강해진다고 본다. 아쉬운 점은 도화의 기운이 있긴 있는데, 해당하는 글자가 그 힘을 충분히 사용할 정도로 내실있지 않았다. 이를 전문용어로 글자의 형태는 갖추었지만 내용이 비어 충분히 활용할 수 없다 하여 '공망空亡'이라고 한다.

반면 사주 자체는 머리를 쓰는 '인성'이 발달해 예술가로서의 창의력·표현력보다는 기획·학습 역량이 뛰어나고, 중년 이후는 조직생활을 뜻하는 '관운'이 강해져 월급으로 먹고사는 특징을 보였다. 종합하면 어릴 때부터 예술성을 나타냈지만 '아마추어치고 매우 잘하는 정도'일 뿐 아티스트로 대성하기는 어려운, 그러면서 동시에 타고난 기획력을 토대로 조직에 기여할 수 있는 장점만은 분명한 사주였다.

상담을 요청한 이유 역시 이 지점 때문이었다. 커리어 방향을 전환한 대로 대형 음악교육 기관에 계속 몸담고 있는 것이 좋은지, 아니면 다시 창작 활동에 전념해도 되는지를 궁금해했다.

성과가 없다면 행복도 없다 ──

한 개인의 선택을 옳다 그르다 쉽게 평가할 수는 없다. 명리학에서도 개인의 선택이나 행동을 선악 또는 잘잘못을 가릴 수 있는 것으로 보지 않는다. 비가 오는 날에 어부는 고기를 잡지 못해 고민하지만 농부는 벼의 성장을 기뻐한다. 자연의 순리를 따르면 일의 추진이 자연스럽고, 그렇지 않으면 애로사항이 클 뿐이다.

크게 성공하지 못해도, 하고 싶은 것을 해보았으니 여한이 없다고 말한다면 할 말은 없다. 그러나 인간의 마음은 그렇게 설계되지 않았다. 처음에는 좋아하는 일을 하는 것만으로 만족하지만 시간과 에너지를 쏟고 나면 어떤 결과가 있길 기대하는 것이 사람 마음이다. 그리고 이루어지지 않는 꿈은 좌절과 괴로움을 가져온다. '처음'의 설렘은 기억나지 않게 된다.

오랜 고민 끝에 K 씨는 후학을 양성하는 쪽으로 자신의 커리어를 강화하기로 했다. 만약 그가 20대일 때 만났다면 나는 대기업에 입사해 음악을 취미로 하는 쪽을 제안했을 것이다. 음악만이 길이라 한다면 처음부터 교수나 강사 등 교육 커리어를 지향하라고 권했을 것이다. 그는 '뛰어난 머리로 지식을 체계적으로 습득해 조직에 기여하는 것'을 잘하는 사주이기 때문이다. 뒤늦게나마 타고난 기질을 살려 교육 분야로 커리어 전환을 했지만, 개인적으로는 이를 조금 더 빨리 깨우쳤더라면 경제적으로도 심적으로도 지금보다는 안정적인 상황이지 않았을까 하는 아쉬운 생각이 들었다.

—— 가슴 뛰는 일만 고집하다가

M 과장은 외국계 회사의 한국지사 마케터였다. 첫 직장은 국내기업 전략기획 부서였는데, 전략기획 부서라는 이름이 무색하게 매일 고위층 보고서를 위해 엑셀과 파워포인트를 다루는 일만 했다. 그게 신물이 나서 직접 시장과 고객을 접하고 새로운 상품을 기획하는 마케팅 분야로 이직한 참이었다. 그런데 이직한 회사에서도 어찌된 일인지 여전히 엑셀과 파워포인트 작업을 주로 하게 되었다. 애써 이직을 했는데 본사에는 이미 몇 년분 제품개발 계획이 짜여 있고, 한국 지사는 제품 개발보다는 어떻게 하면 정해진 스펙의 제품을 더 잘 팔지에 중점을 두고 사업을 펼치고 있었던 것이다. 그거라도 잘해보자 싶었는데 유통 거래처의 영향력이 강해 마진협상 외에 할 수 있는 일이 적었다. 경기가 어렵다는 이유로 광고 집행도 다양하게 할 수 없었다. 상황이 이렇게 되자 M 과장은 '이러려고 이직한 게 아닌데' 싶고, 입사 전에 더 잘 알아보지 않은 것이 후회되었다. 마케팅 부서로 이직할 기회라기에 덥석 잡

은 것이 탈이었다.

사실 첫 직장의 전략기획 부서에서도 처음에는 원하는 일을 할 수 있을 것이라 생각했다. 큰 기업의 전략기획에 참여하면 사회 초년부터 큰 그림을 보는 눈도 생기리라 기대했던 것이다. 그러나 현실은 고참들이 밑그림을 그리면 파워포인트로 옮기거나, 위에서 내려오는 가설을 엑셀 데이터로 백업하는 일뿐이었다. 아주 큰 보고는 연차가 어리다고 들어가지도 못했다.

M 과장은 두 회사나 경험했지만 커리어상 의미 있는 업무를 해 보지 못한 것 같았다. 여전히 새로운 아이디어를 만들고 시장을 창출하는 일만이 의미 있고 가슴 뛰는 일이라 생각했다. 결국 그는 작은 미디어 회사에서 신사업 매니저를 뽑는다는 이직 제안에 연봉을 1,000만 원 이상 줄이며 세 번째 이직을 결정했다. 그런데 상사에게 사직서를 제출하면서 다음과 같은 이야기를 듣게 되었다.

"원래 자네를 싱가포르 아태 지역 마케팅 담당자로 파견하려 했는데 이직이라니 의외네. 하나를 보면 열을 안다고, 각종 보고서를 깔끔하게 작성하는 자네라면 어떤 업무를 맡겨도 깔끔하게 할 수 있을 거라고 생각했어. 최근 아태지역 마케팅 전반을 관리하는 자리가 나서 그 자리를 맡기려고 했었네. 그런데 퇴사라니, 다시 한 번 생각해볼 수는 없나?"

그러나 이미 두 번째 회사에도 정이 떨어진 M 과장은 그대로 이직을 감행했다. 싱가포르 전출 기회는 M 과장 대신 후배 사원이 잡게 되었다.

세 번째 이직 후 M 과장의 사정은 나아졌을까? 그렇지 못했다. 이제 좀 자신의 뜻대로 일하게 되리라, '잘하는' 보고서 작성 대신 '좋아하는' 새로운 일에 도전할 수 있으리라 기대했건만 그에게는 또 한 번의 좌절이 기다리고 있었다. 작은 회사다 보니 M 과장 수준으로 보고서를 만드는 사람이 없었기에 신사업 관련뿐 아니라 일반 관리, 영업 등 각 부서장들까지 그에게 중요한 보고서 작성을 부탁했던 것이다.

M 과장이 왜 옆 부서 업무까지 해야 하냐고 따져 물으니 '팀워크가 부족하다, 조직 마인드가 없다'는 비판만 돌아왔다. 심지어 신사업 아이템도 이미 다 정해진 상태라 해당 내용을 투자자와 주요 고객에게 잘 포장해 설득하는 보고서 작업만 넘쳐났다. 상황이 여기까지 이르자 M 과장은 매일 울화가 터질 것 같았다. 없던 우울증도 생길 지경이었다. 결국 그는 또다시 이직을 알아보았고, 원래의 연봉 수준으로 맞추어준다는 기업으로 겨우 옮길 수 있었다. 물론 그가 '잘하는' 보고서 작성이 넘쳐나는 기획 관련 업무로 복귀했다.

더욱 놀라운 것은 그 대신 싱가포르로 간 후배가 해외 리더들에게 노출 기회를 많이 얻어 결국 본사의 글로벌 우수인재 프로그램에 들어갔고, 얼마 후 M 과장이 하고 싶어 하던 '가슴 뛰는' 상품 개발 분야의 업무까지 맡았다는 점이다.

나를 세상의 중심으로 보는 관점이 문제 ——

M 과장은 무엇을 놓쳤을까? 사주명리의 눈으로 보면, 첫째, 내가 무언가를 성취하거나 행복하게 살고 싶다면 그에 상응하는 기여를 주변에 해야 한다는 지점을 놓쳤다. 대자연에 기여하는 것이 있어야 대자연도 어떤 개체를 살아가게 허락한다. 세상의 시스템은 '주고받는(기브 앤드 테이크)' 관계 안에 있다. 월급을 받았다면 고용주가 원하는 것을 주어야 한다.

둘째, 대기업 전략기획실 부서나, 외국계 회사 마케팅 팀이나, 신생 기업의 신사업 팀이나 회사 형태와 팀 이름만 달랐지 본질적으로 직장 경력이 길지 않은 사람에게 얼마나 대단한 일을 시킬 것인지에 대한 합리적 의심이 없었다. 그나마 잘하는 일이 있기에 계속 쓰인다는 것도 간과했다.

마지막으로, 왜 '하고 싶은' 일을 해야만 하는지 명확한 이유가 없었다. 원래 연봉 수준을 주는 곳으로 돌아간 다음에 만날 기회가 있었다. 왜 잘못된 결정들을 했냐고 물어보니 '한번 태어났으면 폼

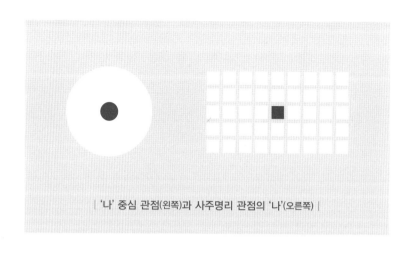

| '나' 중심 관점(왼쪽)과 사주명리 관점의 '나'(오른쪽) |

나는 일을 해야 하지 않느냐'며 '어떻게 단순 업무만 하냐'고 했다. '허세'라는 단어가 입에 떠올랐지만 말하지 않았다. 잘나가는 대기업 임원들 중에 젊어서 단순 업무를 거치지 않은 사람이 없다는 진실도 그에게는 알려주기 아까웠다. 이런 경우라면 굳이 생년월일시를 묻지 않아도 팔자 구성을 알 것만 같았다.

대자연의 관점에서 보면 모두 같은 사람들이다. 특별한 사람이 없다. 그런데도 많은 사람들이 자신은 대단한 일을 해야 한다고 생각한다. 그러나 한 번쯤은 자신에게 물어볼 필요가 있다. 도대체 왜 나는 대단한 일을 해야 할까? 내가 기획한 아이템이 주목을 받아야만 하는 이유는 무엇일까? 회사에서 남이 시키는 일만 하면 정말 무의미한 것인가?

물론 '나'는 소중한 존재다. 힘들게 이 땅에 태어났으니 의미 있는 일을 하고 가야 한다는 생각이 나쁠 리는 없다. 그러나 그 의미가 자신만을 위한 것이라면 실제 자신이 원하는 결과를 얻지 못한다. 대자연의 입장에서는 그로부터 얻을 것이 없으니 베풀어줄 것도 없다.

　문제는 여기서 그치지 않는다. 자신이 세상의 중심에 있다는 관점은 모든 가치 판단을 나 자신이 아닌 타인의 기준에 맞춰 내리게 만든다. 원래 내가 세상의 중심에 있다는 근거는 어디에도 없다. 그러다 보니 자신이 세상의 중심에 있다는 확인을 위해 끝 없이 자신과 타인을 비교하게 된다. 남보다 더 영향력이 큰 일을 하거나 남보다 더 많은 수입을 갖거나 남보다 더 직급이 높은 자리에 앉아야 비로소 자신이 중요한 존재이며, 세상의 중심에 있구나 확인받는 것이다. 이는 자신이 처한 현실에 맞춰 사는 것을 마치 세상과 타협한 치졸한 처세라 자신을 낮춰 보게 만든다. 자신의 능력을 과소평가하게 만들며, 자신의 일과 직업 역시 '돈을 벌기 위한 수단'일 뿐이라고 폄하하게 만든다.

　명리학에서는 나를 비롯한 각각의 개체가 함께 어우러져 자연을 구성하고 세상을 지탱한다고 본다. 우리 역시 하나의 나무요, 풀이고, 강물이며, 바위다. 음양오행 관점에서는 어느 하나 불필요한 것이 없기에 봄에 핀 들꽃 하나도 자연의 모습을 만드는 소중한 존재로 본다. 인간사도 작은 개인들이 모여 전체 사회를 구성한다는 면에서 어떤 조각 하나도 없어서는 안 되는 자연과 같다.

명리학적 관점을 회사라는 조직에 대입해보면 M 과장의 오판이 더 잘 이해된다. 처음 조직에 들어가면 전체 중의 한구석에서 묵묵히 자신의 일을 수행하게 된다. 시간이 지나며 전체 네트워크의 특정 지역에 포진하고, 그러면서 접점이 늘어난다. '과제 수행'에서 '과제 관리'로 일이 바뀌는 것이다. 더 성장하면 조직 가운데에서 컨트롤타워로서 조직을 이끌고 지원하게 된다.

여기서 중요한 점은 어느 한 조각이 빠진다고 갑자기 조직이 없어지지 않는다는 것이다. 심지어 '경영자'라는 조각이 사라져도 다른 조각이 그 위치를 채우는 것이 조직과 인생의 순리다. 이 원리를 알면, 지금 일어나는 일에 일희일비할 필요가 없어진다. 물론 평생 구석에만 있을지도 모른다. 자발적으로 때로는 그런 선택을 하는 사람도 있다. 또는 조직에서 계속 특정한 일만 기대하는 이유가 있을 것이다.

옳고 그름의 이야기가 아니다. 어떤 일에는 이유가 있다는 것이다. 내가 아니라 '다른 조각'을 주체로 시각을 바꾸어 이해하면 맞고 틀리고의 문제보다 각자의 사정이 우선 보일 것이다. 이런 시각이 없으면 나를 중심으로 보는 세계관에 함몰된다.

다음 그림은 '9×5=45(개)'의 조각으로 한 조직을 도식화한 것

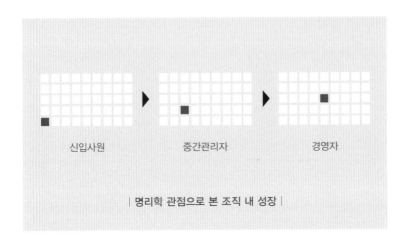

신입사원   중간관리자   경영자

| 명리학 관점으로 본 조직 내 성장 |

이다. 만일 세상이 수조 개가 넘는 조각의 조직으로 구성된다면 사실 조직 하나의 흥망성쇠는 명리학 관점에서는 문제가 되지 않는다. 우리는 먼지 티끌과도 같은 존재이며, 그 티끌 같은 존재들이 모여 자연을 이룰 뿐이다.

M 과장은 나 중심의 관점에서 벗어나 이직을 고민해야 했다. 월급을 받으면 고용주가 원하는 것을 주어야 하는 법, 취업하기 전에 나를 고용할 사람이 어떤 것을 원할지 알아보고, 자신이 그것을 줄 수 있는 사람인지 따졌어야 했다. 그는 그저 회사 명성과 부서 이름만 보고 상상의 나래를 펼쳤다. 본인에게 회사와 교환할 어떤 가치가 있는지 고려하지 않았다.

앞쪽의 그림이 보여주는 더 중요한 시사점이 있다. 일단 하나의 조각으로서 전체 조직의 역할을 잘 수행하면 다른 조각의 위치로 이동할 수 있다는 점이다. 조각의 위치는 시간과 공간이 변화함에 따라 계속 요동친다. 조직이 성장하면 전체 조각의 크기가 늘어날 수도 있고, 반대도 가능하다. 이를 명리학에서는 '천지의 오행은 쉬지 않고 변화하며 어느 순간도 게을리 머물지 않는다'고 말한다. 그 변화 속에서 스스로 기여해야 전체 환경 시스템에서 원하는 기회를 얻을 수도 있다.

물론 기회를 더 많이 더 쉽게 잡을 수 있는 곳에서 시작하면 당연히 나을 것이다. 그러나 내 회사가 아닌 이상 조직은 나에게 비용을 지불하는 이유가 있고, 회사의 바람과 개인의 기대가 처음부터 100퍼센트 맞는 일은 낙타가 바늘구멍 들어가기보다도 어렵다. 사업도 마찬가지다. 내가 생각한 초기 아이디어에 바로 시장이 반응하는 경우는 극히 드물다.

스타트업 업계에는 '피벗팅pivoting'이라는 용어가 있다. 농구에서 유래한 용어로, 원래는 한쪽 발은 고정한 채 다른 발을 움직여 방향을 바꾸는 것을 말하는데, 스타트업에서는 초기 사업 모델이 아니라고 생각되면 포기하거나 방향을 전환시키는 것을 뜻한다. 일기예보에 따라 움직이는 어부, 시장 흐름에 따라 제품 구성을 바꾸는 사업가, 회사가 필요로 하는 방향에 발맞추어 개인의 커리어를 개발하는 직장인의 자세는 모두 유연하게 피버팅 하는 것이라 볼 수 있다. 명리학에서는 이런 태도를 권한다. 먼저 사회와 환경 속에서 존재 가치를 인정받고, 환경의 흐름이 바뀔 때까지 기다리며 순리에 따르는 것 말이다.

누가 나를 필요로 하는가 ——

하고 싶은 일을 하는 사람은 자아를 실현한 사람이고, 대다수 평범한 직장인은 단지 생계를 위해 일한다고 보는 것은 잘못된 관점이다. 사회도 환경이다. 즉 자연의 하나인 구성원들이 유지시켜야 할 의무가 있기에 묵묵히 자기 일을 하는 사람, 화려한 일에 눈 돌리지 않고 꾸준한 사람을 명리학에서는 세상에 필요한 사람, 순리에 따르는 위대한 사람이라고 본다.

우리는 각자 저마다 대단한 사명을 띠고 이 땅에 태어났다고 생각할지 모르나, 자연의 눈으로 보면 동식물과 다르지 않은 지구의 구성원일 뿐이다. 생태계의 순환 법칙을 어길 수 없고, 생로병사生老病死의 단계에 따라 환경에 기여한다.

봄에 태어난 나무는 꽃을 피우는 것이 본분이고, 가을에 태어난 나무는 자르고 다듬어 대들보로 사용된다. 대자연의 입장에서는 사람도 사회에, 궁극적으로는 대자연에 기여하는 방향으로 사는 것을 기대한다.

앞서 사례로 든 음악가는 어떻게 했어야 할까? 창작 활동으로 15년을 보내기보다는 자신을 필요로 하는 음악 관련된 곳이 어디 인지 귀 기울였다면 지금과는 사뭇 달랐을 것이다. 교육이나 기획 등의 역량이 타고났으니 먼저 해당 분야에서 인지도를 쌓고 네트 워크를 만들었다면 자신의 작품들을 널리 알릴 기회가 더 많았을 것이다. 무명 아티스트보다는 유명 음대 교수의 작품이 소개 기회 를 더 얻을 수 있는 것처럼 말이다.

M 과장은 어떠해야 했을까? 자신의 장기인 보고서 작성을 활용 해 회사의 중요한 프로젝트 팀원으로 들어가는 기회를 노려볼 수 있었을 것이다. 그러면 경영진에 노출될 기회도 높고 일 잘하는 사 람으로 자리매김하기도 쉽다. 경험 많은 사람들은 상대가 하나를 잘하면 다른 것도 잘한다고 생각한다. 회사에 먼저 자신의 가치를 인식시키고, 그 가치의 대가로 원하는 부서로 보직을 요청할 수도 있다. 차장·부장 때부터 사장단 미팅에 들어가면 빨리 승진할 확 률도 높고, 그쯤 되면 기획 커리어를 선호하는 마음이 바뀔 수도 있다.

《성경》에는 '나중 된 자가 먼저 된다'는 말이 있다. 실제 종교적 의미는 다를 수 있지만, 현재의 일에 불만족하는 상담자에게 이 말을 많이 한다. 그리고 사회인인 나 또한 마음이 흔들릴 때마다 스스로에게 이 말을 되뇐다.

상황보다
사람을 믿는다

나쁜 운을 피하는 두 번째 방법은, '사람을 믿지 않는 것'이다. '신뢰'라는 중요한 인간사회의 가치에 반하는 주장으로 들릴 수 있다. 인간을 불신不信하라는 이야기가 아니다. 사람의 행동이 처음처럼 일관될 수 없음을 알라는 것이다. 특히 각자의 이익을 중요하게 여기는 비즈니스 상황에서는 섣불리 사람만 보고 결정했다가 큰 손해를 보기 십상이다.

대부분의 평범한 사람들은 일부러 남을 해치지 않지만, 그렇다고 자기 이익까지 희생하지는 않는다. 자기 이익과 관련된 처지나 환경이 변하면 그에 맞추어 행동을 바꾼다. 당연하다. 변화되는 주변 환경에 맞추어야 생존하기 때문이다. 더우면 서늘한 곳에서 열

사병을 피하고, 추우면 감기에 걸리지 않게 따뜻한 곳으로 가야 하는 자연의 법칙과 마찬가지다.

사람을 섣불리 믿으면 안 되는 또 다른 이유가 있다. 바로 상대방이 향후 어떤 상황에 처할지 예측하기 어렵다는 것이다. 자기 주변의 상황도 한치 앞을 모르면서 남의 미래를 어떻게 알겠는가. 자연의 음양오행 이론을 따르는 사주명리에서는 환경에 맞추어 변화하는 것을 순리에 따른다고 본다. 그러면 내게는 야속한 상대의 '변심'이 상대에게는 살기 위해 선택한 '적응'이 된다.

계약서만 썼어도 ────

J 씨는 지금도 다니던 직장에 사표를 낸 후 새로 옮길 회사에서 취업을 거절당했던 때만 생각하면 식은땀이 난다. 기존에 다니던 회사 연봉이 적어 고민하던 중에 지인의 소개로 만족스러운 수준의 연봉을 제안한 회사에 취업하게 되었다. 입사일자도 받아두었기에 다니던 회사에 바로 사표를 냈다. 자신의 이직을 현 직장에 일찍 통보하는 편이 후임자를 빨리 찾는 데 더 좋을 거라는 생각에서였다.

그런데 한 가지 찜찜한 점이 있었다. 옮길 회사에 오퍼 레터^{offer}

letter(회사가 취업지원자의 입사를 공식적으로 확인하며 연봉과 입사일을 제안하는 문서)를 요청했을 때였다. 채용 담당이사로부터 사업부장 임원이 출장 중이라 결제를 받기 어렵다고, 자기를 믿고 입사는 너무 걱정하지 말라는 대답을 받았다. 한 다리 건너 아는 사람도 많아서 괜찮겠지 싶다가도, J 씨 입장에서는 다소 불안한 마음이 들었다. 그래서 채용을 담당했던 이사에게 취업을 확인하는 이메일이라도 달라고 부탁했다. 담당자는 왜 그렇게 걱정이 많냐며 부서장이 해외출장 다녀오면 처리할 테니 신경 쓰지 말라고 했다. J 씨는 마음이 불편했지만 시작부터 '같이 일하기 예민하다'는 인상을 주고 싶지 않아서 더 이야기하지 않았다.

얼마 지나지 않아 청천벽력 같은 소리를 들었다. 본사에서 경영 악화로 채용을 모두 중단하라는 명령이 내려와 자신의 입사가 취소되었다는 것이다. 원하면 무기한 대기자로 고려해줄 수 있으나 이는 개인적인 차원의 배려이니 여전히 문서로 확인해줄 수는 없다는 말을 들었다. J 씨는 화가 치밀어서 강하게 항의했다.

"이래서 제가 문서로 채용을 확정해달라고 했던 게 아닙니까?"

J 씨는 미안하다는 말을 들을 줄 알았는데, 돌아온 담당이사의 반응은 의외였다.

"제가 채용을 중지시켰습니까? 저도 이럴 줄 몰랐지요. 아주 이례적인 상황입니다. 다른 사람이라도 해외출장으로 바쁜 고위 임원한테 결재해달라고 올리지 않았을 거예요. 저희 회사는 전자결재 시스템이 없거든요. 상황은 안타깝지만 제가 할 수 있는 일은 없습니다. 제가 이따 밤에 술 한잔 살게요."

그 술을 받아먹었다가는 울화병이 도질 것 같아서 자리를 박차고 나왔다. 고함이라도 치고 싶었지만 중간에 소개해준 지인의 얼굴을 보고 참았다. 이때 J 씨는 지푸라기라도 잡는 마음으로 사주를 보았다. 분석 결과 '이직에는 불리한 시기'라고 나왔다. 문서운에 해당하는 '인성운'이 올 듯하다가 결국 막혀 본인에게까지 도착하지 않는 한 해의 운이었다. 마치 합격통지서가 오다가 마는 모습과 같았다.

한 가지 다행인 점은 그 달의 운이 아주 나쁘지 않았던 것이다. 사표를 낸 직장에서는 퇴사까지 아직 며칠이 남아 있는 상황이었다. 창피하고 염치없었지만 상사를 찾아가서 있는 그대로 상황을 공유하고 한 번만 살려달라고 빌었다. 회사 역시 이 월급에 J 씨만큼 일하는 사람을 찾기 힘들었기에 사표를 반려하기로 결정했다. 물론 선심 쓰는 모습은 회사의 몫이었다. 콧대가 높았던 J 씨는 당분간 겸손하게 살 수밖에 없었다.

지금은 명리학 고수 반열에 오른 A 선생으로부터 들은 이야기다. 오래 전 개인 사업을 할 때 관리업무를 할 사람이 필요해졌다고 한다. 당시 취미로 명리학을 공부하고 있던 그는 직원의 사주를 직접 보고 뽑아야겠다는 생각에 면접 때 똑똑해 보이는 청년에게 단도직입적으로 물었다.

"생년월일시를 좀 불러보시오."

잠시 머뭇거리던 청년은 몇 년생, 몇 월, 며칠, 몇 시에 태어났다고 대답했다. 분석해보니 회사에서 성실하게 일하는 사주로 판단되었다. 팔자 안에 조직운을 뜻하는 글자 '관성'이 다른 글자들과 조화를 이루고 있으면 회사생활을 잘하고 큰 물의를 만들지 않는다고 본다. 게다가 그 청년의 사주팔자에는 성실히 일하는 기운인 '식신'까지 있어 근면성도 갖추었다고 볼 수 있었다. A 선생은 그 청년을 기쁜 마음으로 채용했다.

그러나 결과는 정반대로 벌어졌다. 그 청년이 회사의 공금을 가지고 잠적한 것이다. 나중에 그 청년을 소개한 사람에게서 놀라운 이야기를 들었다. 청년이 알려준 생일이 실제와 다르다는 것이었다. 그제야 A 선생은 아차 싶었다. 자신이 대놓고 사주로 사람을 평가한다는 티를 냈으며 이를 눈치챈 청년이 무작위로 불러준 것인데, 그것이 공교롭게도 좋은 사주팔자 구성이었다. 그리고 A 선생 본인의 사주를 보니 그해 운이 좋지 않았다.

상황이 사람을 변화시킴을 깨달아야 ———

명리학에서는 한 사람, 그리고 그 사람이 마주하는 환경을 목·화·토·금·수 오행 요소의 조합으로 이해한다. 내가 '금'으로 태어났다는 것은 사주의 여덟 글자 중에 나의 중심이 되는 글자가 '금'이라는 의미다. 여기에 나머지 일곱 글자까지 해석해야 나라는 사람의 성향·장단점·건강·애정·직업 등을 종합적으로 이해할 수 있다. 그런데 나를 포함한 여덟 글자를 알아도, 실제 환경에서 오는 오행의 조합과 나를 구성하는 여덟 글자의 조합이 섞여서 어떻게 유기적으로 반응하느냐에 따라 실제 마음이 결정되고, 궁극적으로 행동으로 표현된다. 나를 설명하는 여덟 글자는 평생 불변이지만, 10년 단위의 환경운을 뜻하는 대운이 정기적으로 변하고, 매년의 운도 60갑자甲子 주기로 해마다 변한다. 즉 오늘의 상대방은 사실 그의 불변하는 여덟 글자만으로 이루어진 것이 아니라, 10년 단위의 대운 두 글자, 올해의 운 두 글자, 더 자세히 보면 이번 달의 두 글자, 오늘의 두 글자 등이 복합적으로 조합되어 나에

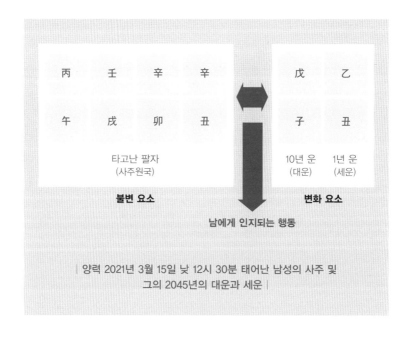

丙	壬	辛	辛		戊	乙
午	戌	卯	丑		子	丑

타고난 팔자
(사주원국)

10년 운   1년 운
(대운)   (세운)

불변 요소   **변화 요소**

남에게 인지되는 행동

| 양력 2021년 3월 15일 낮 12시 30분 태어난 남성의 사주 및
그의 2045년의 대운과 세운 |

게 보이는 것이다.

보통은 타고난 사주팔자, 즉 원국이 좋으면 주변의 운이 약간 변한다고 해서 행동이 크게 달라지지는 않는다. 그러나 10년 단위의 대운, 1년 단위의 세운에 크게 영향을 받아 행동이 크게 달라지는 사주를 가진 사람도 많다. 그래서 상대방의 오늘을 관찰했다고 그의 내일을 예측하는 것은 위험하다.

또 하나 주목할 부분은 우리는 모두 일대일 관계가 아닌 다대다 관계라는 점이다. 그렇기 때문에 상대방의 미래 행동을 예측하기

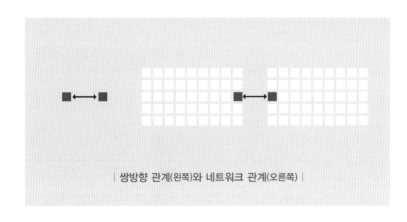

| 쌍방향 관계(왼쪽)와 네트워크 관계(오른쪽) |

가 더욱 어렵다. 우리는 마치 우리가 맺는 관계가 나와 상대, 둘로만 이뤄진 것처럼 여기지만, 실제 나는 수많은 누군가에게 둘러싸여 있고, 상대방 역시 마찬가지다. 그림에는 표현되지 않았지만 네모로 그려진 모든 개인 간에도 상호 운을 주고받는 화살표가 존재한다. 그러므로 나와 직접 대면하지 않는 누군가도 나에게 영향을 주는 간접적인 화살표로 존재한다. 상대가 주변으로부터 어떤 영향을 받고 어떤 마음과 행동의 변화가 있을지 알 수 없다.

관계로부터 오는 운의 리스크를 관리하라 ───

J 씨의 경우, 상황이 꼬여도 제대로 꼬인 경우다. 하지만 사람을

믿을 수 있는 '상황'을 확실히 만들었어야 했다. 첫째, 서면 또는 계약서 작성을 강하게 요구하는 것이다. 회사의 높은 사람이 '자기를 믿고' 기다려 달라는데 더 요구하기는 쉽지 않았을 테지만, 한 번 정도 미뤄지는 상황에서 확신을 위해 공식적인 근거로 요청할 수 있었다고 본다. 둘째, 공식적인 오퍼 레터를 받기까지 기존 회사에 사표를 내지 않는 것이다.

첫째 방법은 상황에 따라 노동법 전문가의 도움이 필요할 때를 위한 대처이고, 둘째 방법은 개인 커리어의 안전을 위한 대처. 통상적으로 이직 통보 이후 한 달 내외로 인수인계를 거친 다음에 회사를 떠나는 경우가 많다. 따라서 채용확정 문서인 오퍼 레터에 '한 달 후 입사'로 적고, 상호 서명한 후에 기존 직장에 사직을 이야기하는 편이 안전하다. 기존 직장과 옮길 직장 모두를 배려하다가 공식 문서도 없이 사표를 낸 J 씨만 손해를 보았다.

만일 J 씨가 올해 이직운이 좋지 않다는 사주를 미리 알았다고 해서 이직을 시도하지 않았을까? 지나고 보면 여러 생각이 떠오르지만 막상 맞닥뜨리면 치밀하게 행동하기가 생각처럼 쉽지 않다. 사주와 상관없이 J 씨가 평소 불확실성에 자신을 맡기지 않기로 했다면 오퍼 레터를 받기 전까지 사표를 내지 않는 방법을 택할 수 있었을 것이다.

드라마에서 '나 한번 믿어봐'라고 이야기하는 캐릭터는 대부분

배신한다. 비즈니스도 마찬가지다. 부모형제도 아닌데 '왜 나를 못 믿냐'고 반응하는 이가 있다면 일단 불신 회로를 돌려야 한다. 그 사람이 나빠서가 아니다. 사례의 채용담당 이사처럼 예상치 못한 상황이 벌어지면 살기 위해 주어진 상황에 순응하는 것이 보통의 인간이기 때문이다.

두 번째 사례인 A 선생은 어떻게 해야 했을까? 회사의 규모가 크지 않아 관리체계를 대기업처럼 갖추기가 어렵다면, 아무리 바빠도 사장이 직접 주요 자금을 관리하거나, 적어도 잔고나 재고를 자주 확인해서 큰 금액을 횡령할 여지를 줄였어야 한다. 그리고 생시 정보를 묻기 전에 면접에서 최대한 도덕성과 성실성을 파악하도록 노력했어야 한다. 소개한 사람에게 청년과 얼마나 잘 알던 사이인지, 청년이 이전 직장을 왜 나오게 되었는지, 도덕성이나 성실성은 어떻게 판단하는지 등을 물었어야 한다.

물론 A 선생이 그해의 운이 나빴던 것이 영향을 끼쳤을 것이다. 운이 아주 나쁠 때는 아무리 노력해도 비바람을 피해가기 어렵다. 아직 인간에게 태풍의 방향을 트는 기술은 없다. 그러나 피해는 줄일 수 있다. 피해를 줄이는 가장 좋은 방법은 운이 나쁜 당해에 대비하는 것이 아니다. 평소에 운이 좋든 나쁘든 위험을 관리하는 체계를 만들어두는 것이다. 정말 운이 나쁜 해라면 갑자기 준비한 대안도 생각보다 도움이 되지 않고, 문제를 대비하는 본질적인 이유도 눈에 잘 들어오지 않는다. 그래서 운이 좋거나, 적어도 평범한 시기에 나쁜 때를 대비해야 한다.

사업하는 이에게 사주 분석도 중요하지만 나는 리스크 관리의 원칙부터 잘 실행하고 있는지를 조심스레 묻는다. 관리 체계의 기본이 부족하면 운이 나쁜 시기에 큰 문제가 생긴다. 운 나쁜 시기에 방비하는 것은 적군이 이미 성문 앞에 쳐들어왔는데 그제야 화살을 깎는 셈이다.

—— 자신의 운을 다른 사람의 손에 맡기지 마라

현명한 사람들은 상대방을 무조건 믿지 않고 신뢰가 유지될 수 있는 환경을 조성한다. 합리적인 의심 없이 무턱대고 상대를 믿는 것은 '나의 운을 다른 사람의 운에 맡기는 것'이라는 사실을 안다.

실제로 주변에서 사람을 믿었다가 손해를 본 사례를 보면 상대방을 믿을 만큼 그 사람의 품성에 대해 두터운 신뢰가 있고, 그 사람이 처한 현재 상황까지 속속들이 알고 있는 경우는 의외로 적었다. 오히려 지레짐작으로 자기만의 마음속 계약서를 써나갔다. 상대가 나를 진짜 어떻게 여기는지 주의 깊게 살피지 않고, 그저 자신이 잘해준 만큼 상대도 나에게 보답하겠지 하는 안일한 가정으로 상대의 행동을 기대한 사람도 있었다. '내가 회사 이삿짐까지 날라주고 자녀 결혼식에 축의금도 크게 냈으니, 비록 구두이긴 하더라도 이 거래 약속을 뒤집을 수는 없을 거야' 하는 식으로 말이다. 문서로 남기는 것이 안전할 것 같지만 째째한 사람으로 보일 것 같아 계약서 쓰자는 말을 못해 손해보는 사람도 있었다. 주변인으로부터 들은 정보를 아무런 검증 과정 없이 무작정 믿고 투자해 큰 돈을 잃는 사람도 많았다. 불확실한 세상 속에서 누구라도 믿고 싶은 마음, 상대방이 친절하고 개인적으로 관심을 보이면 그에 상응하는 호의를 표하고 싶은 마음을 이해 못하는 것은 아니지만, 위와 같이 무분별한 믿음은 모두 자신의 운을 남에게 맡기는 태도다.

사기꾼은 친절하면 친절했지, 이마에 사기 친다고 쓰고 다니지 않는다. 순간의 주저함이나 순간의 안정감을 불운은 기가 막히게 파고든다. 훗날 후회하는 일은 예정된 미래다.

잘못된 신념을
고수한다

당신의 가치관과 상대의 가치관이 맞지 않아 의견 충돌이 있었던 적은 없는가? 회사의 제도나 문화가 불합리하거나 비효율적이어서 반발했던 적은 어떤가? 누구나 한 번은 다 있을 것이다.

이럴 때 사주명리에서는 섣불리 상대의 생각을 바꾸려 하거나 불합리해보이는 상황에 쉽게 개입하지 말라고 제언한다. 대자연의 눈으로 보면 어떤 개체가 환경에 기여하고 있는 한 나름의 존재 이유가 있다. 따라서 상대방이 왜 그런 생각과 행동을 하는지 — 설령 동의하지 않더라도 — 확실히 이해할 수 없다면 섣부른 충돌은 자제하는 것이 좋다. 그렇지 않으면 본인은 몰랐던, 뜻밖의 문제를 불거지게 만들 수 있다. 특히 운이 좋지 않을 때 그렇다. 운이 좋을 때라면 문제없이 넘어가도, 운이 나쁠 때는 뜻밖의 구설수에 휘말리거나, 본인의 과거 실수가 들춰지거나, 옳은 주장도 묵살되는 경우가 생긴다.

사실 음양오행의 자연 세계에는 옳고 그른 것이 없다. 일반적으로 사회에서는 한 사람이 다른 사람에게 물리적 힘으로 공격하는 것은 의도와 상관없이 불법이다. 그러나 자연에서는 짝짓기 시기의 어떤 동물이 같은 종의 다른 경쟁자를 공격하는 것은 불법이 아니다. 자연의 눈으로 보면 살기 위해 잠자리를 먹는 개구리와 육식을 하는 인간이 다르지 않다.

어떤 영역에서는 '자신만의 옳음'이 독이 될 수도 있다는 것을 알아야 한다. 원하는 변화의 흐름이 무르익어 가시적인 결과를 앞두었다는 확신이 없으면, 사회 전체에 옳은 행동도 개인의 성공과 행복 차원에서는 시기를 고려해야 하는 것이다. 하물며 제삼자가 보기에 '그놈이 그놈이다' 소리를 들을 만한 일이나 '혼자 잘난 줄 아나' 소리를 듣는 일에 자기만 옳다고 주장하는 것은 어리석음을 넘어 사회적 수명을 줄이는 일이다.

대형유통 고객 영업을 담당하는 K 차장은 실적이 좋다. 그러나 상사나 동료들은 그를 썩 내켜 하지 않는다. 고객사의 요구를 회사에 여과 없이 전달하기 때문이다. 그는 늘 이렇게 말한다.

"고객이 우리의 존재 이유 아닌가요?"

그의 이 말 한마디면 회의실은 조용해진다. 감동받아서가 아니다. 그가 또 어떤 어려운 숙제를 고객에게 받아왔을지 걱정되어서다. 그가 담당하는 고객은 전국에 많은 소매 점포를 두어 구매력이 매우 크다. 경쟁사들도 마진이나 프로모션 기획 등에서 많이 양보하며 그 고객과 거래한다. 그렇지만 K 차장처럼 '모든 요구를 들어드립니다'라는 식으로 거래하는 업체는 없다. 무리한 요구를 받아도 적절한 타협점을 찾아 고객도 만족시키고 판매 회사의 이익도 지키는 것이 대형유통을 담당하는 영업사원의 역할이기 때문이다. K 차장은 그렇지 않다. 그는 고객이 원하는 것을 정확히 듣고 회사에 하나도 빠짐없이 전달해서 고객의 요구를 관철하는 것이 본인의 미션이자 옳은 일이라고 생각한다.

당연히 고객사는 그를 좋아했다. 그러나 회사 입장에서는 아니었다. 고객의 만족도가 높은 것만 아니면 회사에서는 그를 내보냈거나 전보 조치했을 것이다. 그렇게 하지 않는 대신 회사는 그에게 소심한, 그러나 치명적인 복수를 했다. 승진을 누락시키거나 평가를 박하게 준 것이다.

"제가 영업팀 중에 가장 매출이 높은데 올해 성과급이 왜 이렇게 적습니까?"

"회사는 자네가 더 팔 수 있을 거라 기대했네. 그렇게 큰 고객과 거래하면서 다른 동료들과 비교하면 어떻게 하나? 남들의 세 배는 팔아야 겨우 성과를 달성할까 싶네만."

부서장은 그가 없을 때마다 주변에 '도대체 K 차장이 어느 회사 명함을 파고 다니는 자인지 모르겠다'고 불평했다. 고객이 회사의 존재 이유인 것은 맞지만, 회사가 직원에게 월급을 주는 이유를 K 차장은 모르는 것 같았다. 회사가 많이 팔고도 적자를 지속하면 더는 고객에게 좋은 제품과 서비스를 제공하지 못한다. K 차장은 그것이 과연 고객에게 좋은 일인지 생각하지 못했다.

다른 회사 영업사원들은 고객 앞에서 싫은 소리도 듣고, 협상을 잘 조율하려다가 회사와 고객 사이에서 스트레스받고 괴로워하는데, 본인은 고객에게 칭찬도 듣고 매출도 오르니 어깨가 으쓱해지고 즐겁기만 했을 것이다. 본인 생각에는 '옳은 일을 하며 살았더니 고객만족과 자아실현의 두 마리 토끼를 잡았다'고 생각했을 것이다. 그러나 회사의 이익도 줄어들고 자신의 출셋길도 닫히고 있음을 몰랐다. 만일 K 차장이 나의 친한 친구였다면 이렇게 한마디

거들었을 것이다.

"네가 지금 회사를 떠나면 고객사가 바로 채용해줄까?"

명리학에서 공부의 기운을 '인성'이라고 한다. 인성이 적당히 있으면 머리가 좋은데, 너무 많으면 편협한 사람이 된다. 인성이 서너 개 이상으로 많은데 열심히 일하는 기운인 '식상'이 없거나, 실용적인 성과·재물 등을 뜻하는 '재성'이 없으면 자기만의 편협한 생각에 빠지는 경우가 많다. 머리로 많이 생각한 것들을 실제 행동과 현실적인 성과로 방출해야 오행의 기운이 균형을 이루기 때문이다. 이런 사주는 좋게 보면 머리가 좋고 자신만의 지식과 기술을 연마할 수 있지만 주변의 조언을 새겨듣지 않으면 조직의 기대에 부합하지 못하고 외골수가 된다.

진짜 문제는 그다음이다. 이런 특징의 사람은 옆에서 끈기 있게 조언해주는 사람이 있어도 잘 받아들이지 않는다는 것이다. 본인의 강한 개성을 성과로 이어지게 만들려면 코칭 받는 환경이 필요한데, 이게 쉽지 않다. 나이가 어리거나 연차가 적었다면 달랐겠지만, K 차장처럼 중견 사원이 되면 어느 정도 업무 스타일이 정해져 개선이 어려워진다. 자신의 특징이나 성격이 강한 사람은 의식적으로 주변의 의견에 귀 기울여야 한다. 그래야 편협한 생각에 빠지거나 사람들로부터 고립되는 일을 줄일 수 있다.

입 다물고 지갑 열어야 ——

30년 이상 열정을 바친 회사에서 정년은퇴를 앞둔 P 전무는 최근 큰 고민이 있다. 요즘 신입사원들은 물론 40대 중간 간부들도 그 책임감이나 애사심이 예전 같지 않다는 것이다. 성과가 나지 않으면 밥 한 숟갈 넘길, 편히 잠잘 자격이 없다고 할 정도의 강한 책임감이 있을 때 개인도 조직도 성공할 수 있다는 것이 그의 생각이었다. 그런 이야기를 틈만 나면 후배들을 붙잡고 이야기했다. 물론 그도 눈치는 있는 편이라 후배들이 이 이야기에 관심이 없다는 것쯤은 알았다. 그럼에도 이렇게 하는 것은 자신을 성공시켜준 회사에 어떤 식으로든 보답해야 할 것 같아서라고 했다. 그와 이야기를 하다 내가 물었다.

"조금 외람되게 들릴 수도 있지만, 지금 후배들에게 열심히 하는 말씀은 본인이 후회 없도록 하시는 행동인지요, 아니면 후배들이 잘되라고 하시는 건지요?"

"당연히 후배들 위한 이야기죠. 제가 젊은 사람 코드를 조금 못 맞추는 줄은 알지만 시간이 남아돌아 이러겠어요?"

P 전무는 자신의 행동이 후배들에게 필요한, '옳은 것'이라고 생각했다. 그러나 P 전무의 '옳음'은 후배들에게 '옳음'으로 접수

가 되지 않았다. 젊은이들과 소통을 잘하는 시니어 리더들은 아무리 불변하지 않는 핵심 가치여도 때와 장소에 따라 그들에게 전달하는 방식이 달라야 한다는 점을 안다. 같은 물의 흐름이라도 막 눈 녹은 초봄에 산 끝자락의 강물이 수줍게 흘러가는 모습과 여름 장마 홍수 속에 시내 중심부의 강물이 광폭하게 범람하는 모습은 다르다. 본질적으로 같은 존재와 가치도 때와 장소에 따라 전달되는 모습이 달라야 목적지에 도달한다.

본인의 커리어에도 도움이 되고 회사에도 기여하는 것이 나쁠 리가 없다. 성과를 내서 상사와 동료에게 인정받는 것은 모든 조직원이 원하는 모습이다. 다만 산업 성장기에 한 직장에서 정년퇴직하던 조직문화와 달리, 산업 성숙기에 접어들어 평생고용이 사라지는 시대에 어떻게 개인의 발전과 회사의 성장을 조화시킬지에 대해 고민했다면 좋지 않았을까.

음양오행의 변화는 거스를 수 없다. 잘 모르면 물어가면서라도 그 흐름에 순응해야 한다. 가을에 씨 뿌리면 싹이 나지 않는다. 소통의 달인이던 한 고위급 임원의 말이 생각난다.

"변화가 필요해보이는 젊은 직원들에게 이래라저래라 하기보다는 무엇을 도와주면 일을 잘하는 데 도움이 되는지 물어봅니다. 찾아오지 않는다고요? 입 다물고 지갑 열며 '신뢰'를 쌓으면 진지한 고민이 있는 친구들은 찾아옵니다. 회식도 분위기 좋으면 카드

맡기고 먼저 일어나죠. 젊은 사람들이 '도움이 필요 없다'는 게 정말 필요하지 않다는 의미가 아닙니다. 상대가 정말 자신에게 관심이 있는지, 자신을 도와줄 사람인지 확신이 없을 뿐이죠."

같은 생각을 강요하지 마라 ───

나와 취향이 다른 이에게 내가 좋아하는 것을 선물하면 어떨까? 술을 싫어하는 고객에게 취향도 묻지 않은 채 명절 때마다 위스키와 와인을 선물해놓고 '효과가 없다'고 실망한다면 지극히 이기적인 사람이다.

자연의 순환이 평화로울 때는 나무는 나무대로, 풀은 풀대로, 강물은 강물대로, 바위는 바위대로 존재한다. 한 나무가 다른 나무한테 '왜 오른쪽 샘물에 뿌리를 두지 왼쪽 샘물에 의지하냐'며 물 마시는 것을 방해하면 어떻게 될까. 바위에 뿌리를 두고 태어난 소나무에게 '너는 왜 곧게 뻗지 못하고 휘어져 올라가냐'고 비난하는 게 의미가 있을까. 곧게 자란 소나무는 대들보로 쓰이고, 휘어져 자란 소나무는 관상용으로 쓰이듯, 각자의 모양에 따라 맞는 삶이 있다. 이를 무시하고 휘어져 자란 나무를 굳이 대들보로 쓰려 하는 것은 과연 현명한 생각일까.

우리는 각자의 타고난 음양오행의 모습대로 존재하는 것이 자연스럽다. 상대방의 목·화·토·금·수 구성을 바꾸지도 못할 거면서 다른 오행으로 살라고 권하면 안 된다. 나도 상대를 변화시킬 수 없고, 상대도 나를 변화시킬 수 없다. 서로에게 시간 낭비다. 팔자도 가치관도 다른 남에게 관점을 강하게 권하는 행위는 민폐를 넘어 호의를 가장한 폭력이다. 소득이 없는 나도 손해고, 불편해진 상대에게도 피해다.

그러면 이제 중요한 질문이 남는다. 조직에서 직원을 회사의 비전과 전략에 부응하도록 변화시킬 수 없는가? 답은 두 가지다. 첫째, 매우 어렵다. 그래서 교육을 잘하는 것보다 채용을 잘하는 인사관리에 더 많은 노력을 기울여야 한다. 처음부터 적합한 인재를 잘 골라야지, 사람을 바꿔 쓰기는 힘들다.

둘째, 그래도 노력의 여지는 있다. 회사의 리더가 구성원에게 새로운 환경, 긍정적인 환경으로 다가가야 한다. 타고난 팔자를 바꾸지 못하더라도, 리더가 구성원에게 필요한 오행을 행동으로 보여준다면 마치 더 나은 대운과 세운에 처한 듯이 직원들의 태도와 의도도 일부 바뀌고, 행동도 개선될 여지가 생긴다. 직원 개개인의 사주가 다르므로 주입식으로 회사의 일관된 방침을 입력하면 안 된다. 맞춤형 접근이 필요하다. 요즘 리더십 주제 가운데 '코칭 리더십'이 떠오르는 이유도 이와 일치한다.

단기적인 관계와
성과를 추구한다

돌아보니, 아무도 없다 ───

C 씨는 50대 초반 대기업 임원으로, 연말 인사에 위험한 상황이다. 40대 초반까지는 영업사원으로서 할당받은 목표만 성실히 달성했다. 주변 동료들이 어떻게 하는지, 후배들을 어떻게 챙겨야 하는지 관심도 없었다. '중간고사·기말고사만 계속 잘 보면 내신으로 좋은 대학 가겠지' 하는 우등생 마인드였다.

곧이어 C 씨는 꾸준한 실적을 인정받아 영업팀장이라는 보직을 맡게 되었다. 그런데 팀장이 되니 자기 혼자 잘하는 것으로는 좋은 평가를 받기 어려웠다. 팀원들의 실적이 더 중요했다. 그에 따라 자신이 임원이 되느냐 마느냐 결정되는 듯했다. 사람을 관리하거나 육성해본 적 없던 C 씨는 아주 단순한 방법으로 팀원들의 실적을 관리했다.

첫째, 팀원들이 밑바닥까지 노력했는지 확인하고 채근한다. 둘째, 아무리 압박해도 실적이 나오지 않거나 죽도록 최선을 다하지 않는 사람은 포기하고 한직으로 밀어낸 후, 다른 부서에서 마음에 드는 사람을 받아온다.

그는 마치 자신이 100점을 못 맞는 평범한 학생을 이해하지 못하는 우등생인 것마냥 팀원들을 대했다. 모욕적인 언사도 했고, 중요한 고객이라면 팀원이 해야 할 영업 활동을 본인이 대신해서라도 실적을 만들었다. 그리고 다른 부서에서 일 잘하는 직원을 잘 달래서 빼오기도 했다.

그 결과 팀장이 되자마자 실적을 달성해서 다음 해에 바로 임원이 되었다. 그 이후에도 실적 압박과 인재 교체라는 방식으로 팀을 유지하고 관리했다. 그러던 어느 날 큰 문제에 봉착했다. 관련 업계가 전체적으로 불황에 빠진 것이다. 이전에는 자신의 노력만으로 어느 정도 만회할 수 있었는데 이번에는 회사 안팎으로 갖은 노력을 해봐도 소용이 없었다.

다른 경쟁사도 어려웠지만 일단 회사란 목표를 달성하지 못하면 남의 회사가 어떤지를 떠나 최고위층으로부터 문책이 있기 마런이다. 결국 그도 저성과에 대해 해명해야 하는 상황이 되었다. 평소 실적을 감안해 이번 한 번은 넘어갈 줄 알았는데, C 씨는 예상보다 더 심하게 고위 임원들로부터 질책당했다.

나중에 알고 보니 강도 높은 문책은 단순히 저성과에서만 비롯되었던 게 아니었다. 팀원 중 일부가 인사팀에 C 씨의 조직관리 역량과 리더십에 대해 의문을 제기하는 투서를 넣은 것이었다. 실적이 좋을 때는 이런 유의 투서를 문제 삼지 않았는데, 실적이 나쁘자 미운 구석이 동시에 불거진 것이었다.

이를 계기로 이직을 할 때라고 생각한 그는 자신에게 적당한 자리를 백방으로 찾아보기 시작했다. 그런데 이번에는 평판 조회가 발목을 잡았다. 주변 선후배들이 C 씨를 '독하게 일은 잘하는데 주변과 조화를 못 이룬다'고 평한 것이다. 직원을 새로 뽑는 회사는 이런 평판의 후보자라면 당연히 주저한다.

이대로 가면 연말 인사에서 회사를 떠나야 할 상황이 올지도 몰랐다. 그래서 C 씨는 나름 신뢰관계를 쌓았다고 생각하는 팀원에게 같이 사업을 해보지 않겠냐고 제안했다. 그런데 이것도 거절당했다.

"지금은 여러 사람 괴롭히시니 제가 많이 혼나지 않지만 둘이 사업하면 그 화살이 저에게만 향할 것이 아닌가요?"

이쯤 되자 농담 반 진담 반으로 이렇게 말하는 후배의 말도 뼈

아프게 들려왔다. '최선을 다해 살아왔지만 왜 이런 결과를 얻게 된 것일까.' 그는 도대체 이해가 되지 않았다.

── 단기적 인간관계의 맹점

C 씨는 단기 목표에만 치중하다 보니 팀원들과의 관계도 단기적 관점에서 보고 그들을 대했다. 왜 그럴까? 단기적 인간관계를 지향하는 사람들은 대개 단기 성과에 집착한다. 회사 경영에서 '올해'의 목표를 달성하는 데 가장 좋은 방법은 지금 당장 쓸 만한 사람들에게 일을 시키고 대접하는 것이다. 당장의 성과만을 위한다면 인재를 육성하는 것은 차순위 일이 된다.

내년에도 후년에도 그런 식으로 사업을 운영하면 어떻게 될까? 비전과 전략은 없고 수치 목표와 단기 전술만 있게 된다. 그런 조직 또는 회사는 조직원의 전문성, 역량 강화, 동기부여를 통한 고객 서비스 제고 등에는 투자하지 않는다. 중장기적으로 조직과 사업을 운영하는 것보다 당해 목표만 남는다. 심지어 분기 목표 달성을 연간 목표처럼 강도 높게 관리하는 회사도 있다. 내년에도 후년에도 그런 식으로 사업을 운영하면 어떻게 될까? 우수한 인재들은 그 회사에 있으려고 하지 않을 것이다. 같은 월급을 받는다면 고객을 만족시키면서 보람도 얻고, 자아실현도 되는 회사로 갈 것이다. 인재들이 경쟁사로 가면 당연히 타사에 비해 경쟁력은 약화될 수밖에 없고, 경쟁에서 불리하니 회사 존립 자체가 위태로워진다.

명리학에서도 단기적 인간관계를 크게 경계한다. 대자연의 목표는 음양오행의 요소들로 구성된 이 세계와 그 구성원들이 오랫동안 조화롭게 생명을 영위해가는 것이다. 이를 기氣의 순환이라고도, 운의 흐름이라고도 한다. 자연의 기운氣運이 꾸준히 생동적으로 변하면서도 전체적으로 평안하고 안정적인 상황을 뜻한다. 그리고 그 목표를 위해 자연 속의 각 구성원은 서로 간의 관계도 안정적으로 유지하고, 전체적으로도 조화를 추구한다.

만약 나무가 한곳에 뿌리내리지 않고 그때그때 영양분이 더 많은 땅만 찾아 옮겨 다닌다면 이 세상에 큰 나무는 한 그루도 없을 것이다. 또 바위가 주변 흙보다 더 좋은 흙을 찾기 위해 방황한다면 세상에 큰 바위는 사라지고 작은 돌멩이들만 존재할 것이다.

더구나 100세 인생이 기본인 세상에서 한 가지 직업만 가지고 한 회사만 다니는 것은 불가능한 이때에 인간관계에서 약점이 있으면 성공적으로 살기 어렵다. C 씨는 개인과 회사와의 관계도 단기적으로만 치중해 문제가 되었다. 그로 인해 당장의 성과를 거둘 수 있었는지 모르지만 중장기적 커리어에 큰 치명타를 입었다.

40대 중반인 M 차장은 IT 업계에 몸담은 동안 네 번 이직했다. 지금 회사에서 승진에 불만이 생겨 다섯 번째 이직을 결심했는데, 이직 준비 과정에서 헤드헌터로부터 불편한 이야기를 들었다. 서류를 심사하던 채용 기업에서 '직무경험은 좋아 보이는데 우리 회사로 와도 얼마나 계실지 몰라 면접을 부를지 고민된다'고 했다는 것이다. 보수적인 기업에서는 그럴 수도 있겠다고 생각한 그는 일단 기다려보기로 했다. 얼마 후 헤드헌터로부터 들은 이야기는 더 충격적이었다. 해당 회사에서 다른 후보자로 채용을 결정했는데 그도 네 번째 이직이었다는 것이다. 도대체 그와 본인이 뭐가 다른지 물었다. 놀라운 답이 돌아왔다.

"그분은 이직에 목적이 있어 보이는데 M 차장님은 왜 옮기려는지 잘 모르겠다네요. 전 직장에 불만이 있었거나 연봉을 높이려고 하시는 것 같다네요. 사실 저희도 추천하면서 조금 걱정되었던 부분이기는 합니다."

채용된 사람은 처음 입사한 직장에서 9년 정도 꾸준히 근무하고 대리 직급까지 단 후에 퇴사했다고 한다. 그러다가 이내 간부급이 되었고, 경험 있던 기술 분야의 수요가 커져 그를 프로젝트 관리자 및 선임 엔지니어로 스카우트하는 이직이 두 번 더 있던 것이었다. 회사는 바뀌었지만 한 가지 기술 분야에 몸담았다는 일관성이 있고 해당 분야의 고급 기술자로 발전하는 중이었다. 그 부분을 그는 이력서에 잘 표현했고, 평판 조회 결과도 '떠났을 때 아쉬웠던 동료'라는 것이 중론이었다.

반면 M 차장은 3, 4년마다 계속 이직했다. 유명한 회사로 옮겨다녔지만 프로젝트에서 경험한 기술 분야가 제각각이었다. 사실 M 차장은 자신의 기술에 큰 애정이 없었다. 윗사람과 갈등이 심하거나 돈을 더 준다는 회사가 나타나면 바로 이직했다. 마음속에는 '샐러리맨은 남들이 명함 보면 바로 알 만한 유명한 회사에서 돈 더 주면 옮기는 거지' 하는 관점이 컸다. 자기 생각이 그렇게 나쁜 생각이냐고 주변 선배들에게 물었더니 예상치 못한 답을 들었다.

"너처럼 목표 없이 회사 이름과 돈만 보는 애들은 그냥 이직하지 말고 살아. 기분 나쁘면 참고, 다니는 회사에서 잘릴 때까지 버텨. 몸 가벼울 때나 쉽게 이직하는 거야. 중년에 스토리도 없이 무슨 이직이냐."

관계와 운은 숙성시켜야 한다 ──

앞서 인간관계를 단기적으로 보는 관점은 위험하다고 했다. 그러나 정확히 말하면 관계에 있어 '제대로 된' 관점을 가졌다면 큰 문제는 없다. 상대방과 인연이 짧더라도 정확히 기브 앤드 테이크를 하면 좋은 기억이 남아 나중에 다시 인연을 이어갈 수 있다.

그러나 영업을 하던 C 씨는 팀원들의 기억 속에 나중에라도 다시 만나고 싶은 사람이 아니었다. 단기적 관점에서도 기브 앤 테이크에 실패한 사람이었다. 무작정 팀원들을 밀어붙이기만 하고 업무에 필요한 지원은 하지 않았다. 만약 C 씨가 관리자로서 팀원들을 독촉하더라도 그에 상응하는 지원을 하거나 보상체계를 철저히 세웠다면 이익집단인 회사에서 그렇게까지 반발을 얻지는 않았을 것이다.

M 차장은 어떨까? 주식의 단기 투자가 문제 없는 것은 투자자가 그에 따르는 리스크를 지기 때문이다. 비용을 지불하는 것이다. M 차장도 회사에 불만을 가지기 전에 본인이 회사에 얼마나 기여하고 있는지 스스로에게 질문하는 사람이었다면 커리어의 스토리는 변했을 것이다.

인간관계에서는 이익이라는 목적과 함께 정서적인 만족감도 무시할 수 없다. 그래서 장기적인 관계를 고려하지 않는 사람이 행복해지기 어렵다. 인간은 밥만으로 살 수 없기 때문이다. 명리학의 관점에서도 나와 환경이 서로 돕는 관계를 유지하고 상호 만족하는 오늘과 오늘이 이어질 때 만족스러운 미래를 만들 수 있다고 본다. 우리 인생은 길고 대부분의 일이 사람과의 사이에서 벌어진다. 당장 오늘의 성과 때문에 관계가 훼손된다면 이는 미래의 기회를 깎아 먹는 일이 될 수 있다.

관계를 잘 이끄는 핵심원리 자체는 간단하다. 앞서 이야기했듯이, '나 중심적 사고'에서 벗어나는 것이다. 전체를 구성하는 하나의 개체로서의 나를 다른 개체의 눈으로 보고, 전체 자연의 눈으로 보는 과정을 반복한다. 정신의학에서 역할을 바꾸어보는 심리극과 같다고 보면 된다.

나라는 존재가 하찮다는 의미가 아니다. 나의 작은 역할이 자연에서 소중한 것처럼 남의 작은 역할도 소중하다는 의미다. 우리의 작은 역할들이 모여 대자연을 이룬다. 따라서 누구에게도 감히 남을 함부로 할 권리는 없다. 우주에서 보면 지구 안의 작은 점들이다. 하나의 점이 커봤자 얼마나 크겠는가. 점 하나하나는 작지만 모여서 위대한 자연을 이룬다. 남에게 기본적인 주고받기도 할 줄 모르면 함께 살 수 없다.

절대 약점을
알지 못한다

사주팔자로 볼 때 음양오행의 완벽한 균형을 이루는 사람은 없다. 각자의 불균형이 모여 전체적인 조화를 이루는 것이다. 퍼즐을 생각하면 이해가 쉽다. 1,000개의 퍼즐 모양은 제각각이지만 서로 맞물리면서 조화로운 그림을 만든다.

사람은 각자 자신을 규정하는 다양한 특징을 가지고 있다. 명리학에서는 그 특징을 바꾸기 어렵다고 본다. 그리고 가지고 있는 특징 중 좋은 것, 나쁜 것이 따로 있다고 보지도 않는다. 다만 같은 특징이 어떤 상황에서는 약점이 되고 다른 상황에서는 강점이 된다고 본다. 하나의 특징이 양날의 칼처럼 작용하는 것이다. 그러면 '나'를 완전히 바꿀 수는 없는 것일까? 나를 바꿔 더 나은 생활을 추구하는 것은 헛된 목표일까? 그렇지만은 않다.

자신의 특징 중에 어떤 부분이 어떤 상황과 환경에서 강점으로 또는 약점으로 발현되는지 알면 지금보다 나은 삶은 가능하다. 나를 변화시키는 것이 아니라 나를 둘러싼 환경과 상황을 자신에게 유리한 쪽으로 만드는 것이다. 애초에 나를 바꾸는 것이 목적이 아니라 내가 잘되고 행복한 것이 목적이었으니 나의 변화 유무는 중요하지 않다. 나를 구성하는 사주의 여덟 글자가 어떤 환경에서 유리하고 불리한지 알고 유리한 장소로 이동하면, 어떤 때에 유리하고 불리한지 시기를 알고 기다렸다가 움직이면 운이 좋아진다는 것이 명리학의 처방이다.

나쁜 운을 피하는 결정적 힌트가 여기에 있다. 자신의 특징 중 일관되게 약점으로 드러나는 상황을 깨우치는 것이다. 일관되게 약점으로 드러나는 특징을 나는 '절대 약점'이라고 부른다. 이 절대 약점은 크게 사고방식상의 약점과 행동습관상의 약점으로 나눌 수 있다.

사고방식상의 약점은 특정 자극에 필요 이상으로 반응하는 인지 반응이다. 가령 다른 사람은 그냥 지나갈 만한 사건에 당위성을 부여하며 흥분한다거나, 업무상 지적에 필요 이상으로 자존심 상한다거나, 주변 환경 요인으로 실수하거나 실패해도 본인 탓으로 낳이 돌리는 등의 생각 패턴이 대표적이다.

명리학 관점에서 예를 들면 특정 오행 하나가 너무 많은 사람들은 주변의 반응에 과하게 반응하거나 사소한 이유에 불필요한 생각을 하는 경향이 있다. 불은 물이 오면 꺼져야 하는데, 불이 너무 많으면 물이 왔을 때 꺼지지 않고 오히려 성을 내며 불길이 커지는데 사람의 마음속에도 이런 현상이 생기는 것이다.

행동습관상의 약점이란 사회생활에서 만난 이들에게 친근함이나 불쾌함을 표현할 때, 기쁘거나 슬플 때, 스트레스를 해소할 때 등 반복적으로 대하는 행동에 잠재적인 문제의 소지가 있는 경우다. 이것 역시 평소에는 큰 문제가 되지 않다가 자신에게 유난히 불리한 상황 또는 심적으로 약해진 상황에 치명타가 되기 쉽다.

—— 과도한 자기반성의 부작용

O 팀장은 50 평생을 모범생이자 모범사원으로 살아왔다. 늘 바르고 성실하게 행동해 주변인들에게 인기도 많았고, 연차에 비해 빨리 팀장으로 승진할 만큼 회사에서도 꽤 인정받고 있었다. 특히 팀장으로 일하다 보면 팀원의 실수나 커뮤니케이션 오류로 일이 잘못되는 경우도 있는데, 그럴 때마다 팀원 탓, 남 탓을 하기보다는 자기반성을 하며 돌파구를 찾는 태도로 유명했다. 그래서 그의

별명이 '미스터 책임감'이었다.

그러나 그에게는 남들이 모르는 두 가지 문제가 있었다. 우선 그는 강박 수준의 자기반성 때문에 마음 편할 날이 없었다. 동료들은 그를 득도한 회사원처럼 생각했지만, 그는 혼자 있는 자리에서 '내가 더 잘했어야 하는데'를 수도 없이 외쳤다. 사소한 실수에서도 벗어나지 못하는 성격이었다. 그러나 세상 경험을 해본 사람들은 안다. 노력으로 되는 것과 안 되는 것이 있다는 사실을.

두 번째 문제는 외부적인 요인 때문에 자기반성을 멈출 수 없다는 것이었다. 늘 겸손하게 행동하는 그를 주변 동료들은 높이 샀고 칭찬을 아끼지 않았다. 그러나 이런 상황은 O 팀장이 계속해서 자기검열, 자기반성을 하도록 부추겼다. 동료들의 인정과 칭찬이 자기반성으로 오는 스트레스와 불안을 상쇄하는 보상으로 느껴졌다.

'그래, 나는 잘하고 있어. 동료들이 인정해주잖아. 조금 더 노력해야 해.'

그 결과 자기도 모르는 새에 반성 회로를 스스로 강화시켰다. 당연히 강박적 자기반성은 마음을 불편하게 했다. 그러다가 의외의 문제가 발생했다. 외부에서 영입한 임원이 O 팀장 부서의 부서장이 되었다. 그의 별명은 '미스터 드라이'라고 했다. 감정 없이 기계적으로 일 잘하기로 소문난 사람인데, O 팀장이 있는 부문의 실적을 향상시키기 위해 채용된 것이었다.

새로운 부서장이 오고 얼마 지나지 않아 O 팀장이 맡은 사업의 실적이 분기 목표를 채우지 못하는 일이 발생했다. O 팀장은 평소처럼 자신이 더 잘했어야 했다고 보고했다. 본인 책임이 가장 크니 더 노력해서 실적을 만회하겠다고 말이다. 부서장의 답변은 의외였다.

"본인의 실수를 인정하는 건 좋은데요, 보고서에 실적 부진 요인에 대한 구체적인 분석이 없어요. 장사 안 되는 게 다 본인 탓이라는 건가요? 우리가 팀장 한 명을 잘못 뽑아서 이런 결과를 맞았다는 말인데, 정말 그래요? 사실이라면 본인이 정말 무능한 거고 회사도 사람 잘못 쓴 거고요, 아니라면 보고서 작성을 대충하신 건데, 어느 쪽이 맞는 거예요?"

이전의 부서장이라면 비슷한 상황에서 '자네 하나만 부족했겠나. 그래도 리더가 부하 탓, 회사 탓 안 하고 책임감을 보여주니 믿음직하네. 더 열심히 해서 꼭 만회하리라 믿네'라고 반응했을 텐데, 예상치 못한 새 상사의 반응에 O 팀장은 크게 당황했다.

어떤 문제의 해결을 위해서는 자기반성을 넘어 명확한 분석과 해결책 제시가 필요하다. 특히 비즈니스 상황은 더욱 그렇다. 혼자서 모든 것을 할 수 있는 영역이 아니지 않은가. 문제의 원인이 한 명에게 있는 경우는 생각보다 적다. O 팀장 역시 새로운 상사가 오고 나서야 직면했을 뿐, 모든 문제를 자신의 노력과 태도 탓이라고만 여기는 것은 문제가 있었다.

이 일은 그에게 심적으로도 큰 타격을 주었다. 이전에는 과도한 자기반성적 사고가 외부의 인정과 내면의 강박이라는 딜레마를 가져온 정도였는데, 이제는 외부에서조차 인정받지 못하는 결과를 가져왔기 때문이다. 나아가 그동안 살아온 방식, 그의 정체성을 완전히 무너뜨렸다. 업무 의욕은 바닥으로 떨어졌고 우울증 증세까지 보였다.

불 같은 성질 때문에 퇴사하다 ──

L 전무는 며칠 전 일로 분을 삭이지 못했다. 자신이 실수했지만 회사를 그만둘 일인가 싶었고, 옛날이라면 해프닝으로 지나갈 사건인데 시절이 바뀌었다는 생각밖에 들지 않았다. 직원 연수회에서 그는 기분이 좋아 뒤풀이 자리에서 과음했고, 직원들에게 각자하고 싶은 말을 해보라고 권했다. 그 자리에서 한 젊은 직원이 회사의 방향과 리더들에 대해 날선 비판을 했다. 듣기 불편해서 버럭 소리를 쳤는데 젊은 직원이 더 강하게 나왔다. L 전무는 '혼자 잘난 척 그만 좀 하라'며 직원의 뒤통수를 쳤다. L 전무는 선배로서 듣기에 도가 지나치니 적당히 하라는 의미로 '툭 쳤다'고 주장했

고, 젊은 직원은 상사에게 '폭행당했다'고 했다. 어느 쪽 주장이 옳든 그가 손으로 직원의 머리를 친 것만은 다수가 목격한 사실이었다. 회사에서는 공식적으로 문제가 접수되었으니 징계위원회가 열릴 거라고 했다. 그리고 해당 직원이 L 전무로부터 공개 사과를 받거나 L 전무 스스로 퇴사하지 않으면 더 강경한 방법도 고려하겠다는 이야기도 전해왔다.

사실 오랜 직장생활 동안 그는 '열정적으로 일하는 것이 장점이지만 불같은 성격은 좀 고치라'는 말을 선배들로부터 들어왔다. 회의에서 고함을 질렀다가 말이 나온 적도 여러 차례였고, 회식에서 후배 뒤통수를 친 것도 이번이 처음은 아니었다. 다만 공식적인 문제 제기가 처음이었을 뿐이다. 다른 회사의 고위직 친구에게 억울하다고 하소연했다가 핀잔만 들었다.

"이 친구, 세상 바뀐 걸 모르는구먼. 요즘은 법대로 하는 세상이야. 우리 젊었을 때야 억울해도 선배한테 말 한마디 못 했지. 사실 지금이 맞는 거지. 자네 자식이 회사에서 그렇게 똑같이 당했다고 생각해봐."

L 전무의 강점인 '맡은 임무를 어떻게든 해나가는 추진력'과 '감수성 부족'은 서로 다른 속성이 아니다. 팔자의 구성을 보면 소수의 오행이 강력하게 분출되는 형태인데 기운의 제어가 잘되지 않는 형태에서 많이 보이는 특징이다. 적을 만들면서라도 성과를 내

는 구조의 사주는 운이 나쁜 시기에 무너지기 쉽다. 평소에 운이 좋거나 평범할 때는 실수가 해프닝으로 지나간다. 그러나 언젠가는 큰 구설수나 송사가 생기는 것이다. 그는 이 일로 회사와 직원들의 신뢰를 잃었고, 고발은 면했지만 결국 회사를 그만두었다. 그의 퇴사는 환송회 없이 외로웠고 누구도 그를 동정하지 않았다. 그는 그저 이후의 구직을 고려해 업계에 소문이 나지 않기만을 바랄 뿐이었다.

운이 보내는 신호를 감지해야 ——

큰 병에 걸린 분들은 종종 지나고 보니 몸의 신호를 간과했다는 말을 한다. 평소에 운동하고, 정기적으로 건강검진을 받으며, 몸이 보내는 신호를 감지하는 것이 건강을 유지하는 비결이다.

나쁜 운으로 고생하는 것을 큰 병에 걸리는 상황에 비유할 수 있다. 예방법도 유사하다. 평소에 운동하듯 생각과 습관을 바르게 하고, 건강검진받는 마음으로 주변에서 자신을 어떻게 보는지 이야기를 듣는다. 그리고 몸의 건강 신호를 감지하듯 본인에게 어떤 절대 약점이 있는지 생각해본다. 이렇게 하면 굳이 사주 분석을 자주 해보지 않아도 나쁜 운을 막는 데 도움이 된다.

정기적인 건강검진은 물론 중요하다. 그러나 검진이 모든 질병을 100퍼센트 잡아낼 수는 없다. 다른 사람으로부터 자신의 이야기를 꼭 듣되, 스스로 몸의 약점을 느끼듯 운의 약점을 느껴야 한다.

가장 쉬운 방법은 살면서 가장 힘들었던 시기 세 부분을 생각한 후에 당시 원인을 가능한 한 객관적으로 적어보는 것이다. 그리고 그 원인을 '나에서 비롯된 것'과 '외부에서 비롯된 것'으로 나누어 적는다. 물론 두 가지가 복합될 수는 있지만, 비중이 더 큰 쪽을 적어본다. 그리고 '나에서 비롯된 것' 중 반복적으로 나타나는 요인에 집중한다.

O 팀장은 자기 탓을 너무 많이 해 문제다. L 전무는 자기 약점을 돌아볼 스타일이 아니다. 한 명은 자기 탓만 할 테고, 다른 한 명은 남 탓만 할 것이라 자신의 사고방식이나 행동습관이 얼마나 과거의 고통에 기여하는지 분류하지 못할 것이다. 그러나 해야 한다. 의사도 몇 년 전에 환자 몸에 어떤 질병이 왜 생겼는지 알 방법은 없다. 마찬가지로 주변 사람에게 지금의 자신에 대한 피드백은 들어도 과거의 자신에 대해 묻기는 어렵다. 사주로 과거를 분석하기도 해야겠지만, 스스로 자신에 대한 인사이트를 가지는 연습을 해야 한다. 이는 마치 면역을 기르는 체질 개선 같은 것이다. 나쁜 운을 일생에서 만나지 않기 위해 매우 중요한 일이다.

가령 조직에서 억울한 구설수에 마음 고생했던 것이 살면서 가장 힘들었다는 사람이 있다고 하자. 아무리 객관적으로 분석해도 자신이 잘못한 바가 하나도 없다면 이는 천재지변이다. 갑자기 땅이 꺼져 다리를 다친 것과 같다. 벼락을 맞을 확률이라 생각하고 잊어야 한다. 그러나 그런 천재지변은 매우 드문 것이고 대개의 문제는 자신의 사고방식이나 행동습관과 연관되었을 확률이 높다. 더 냉정하게 거절하지 못해서 주변의 오해를 샀을 수도 있고, 구설수 초기에 더 단호하게 엄포를 놓지 못했기 때문일 수도 있다.

막상 닥치면 냉정하고 단호해지기 어렵다고 말할 수도 있다. 그렇다면 인생에서 가장 힘들었던 순간이라는 것이 핵심이다. 어떤 사람들은 구설수에 올라도 잠시 고민하다가 잊는다. 그런데 누군가에게는 평생의 상처가 된다. 후자의 경우라면 어떻게든 비슷한 일이 벌어지거나, 같은 종류의 더 힘든 고통을 겪지 않도록 조치해야 한다. 핵심은 과거에서 어떤 전조증상을 발견해 더 나쁜 일을 막는 것이다. 그래서 젊어서 고생한 사람이 좋다. 나중에 있을 고통을 예방할 확률이 높기 때문이다. 첫 고생을 나이 들어서 하면 여파도 크고 이후 예방도 어렵다.

보고 싶은 것만
보고

듣고 싶은 것만
듣는다

불과 몇백 년 전까지만 해도 사람들은 지구가 세상의 중심이고 태양은 지구 주변을 돈다고 생각했다. 지구는 정육면체이고, 먼 바다 너머 폭포처럼 떨어지는 지점이 있다고 믿던 때도 있었다. 진실 여부가 실생활에 무관하면 어떻게 믿든 문제없다. 의심하지 않고 받아들이면 오히려 주변과의 갈등도 없다.

그런데 만약 나에게 이익을 주는 사건임에도 근본 원인을 잘못 이해한다면 치명적이다. 인과관계를 잘못 알면 열심히 해도 헛수고다. 잘못된 노력임을 빨리 알아채면 오히려 운이 좋은 편이다. 운까지 나쁘면 이미 멀리 지나온 뒤에야 잘못된 줄 안다. 기회비용은 물론이고 다시 시작하기에 늦을 수도 있다. 주변에 아무도 없기에 1등으로 가는 줄 알았더니 엉뚱한 도로 위에서 혼자 달린 마라톤 선수가 되는 꼴이다.

잘못된 줄 모르고 계속 나아가는 일이 설마 자주 일어날까 싶겠지만 실제로는 많다. 왜일까? 인간의 확증 편향 때문이다. 이는 자신의 신념과 일치하는, 신념을 강화하는 정보만 수용하려는 경향을 말한다. 인간은 자기가 듣고 싶은 정보만 걸러 듣는다는 것이다. 확증 편향이 심한 사람은 대체로 고집이 매우 세다. 이느 순간 자신만의 논리에 함몰되어 다른 사람의 조언이나 의견은 전혀 받아들이지 못한다. 자신의 안위와 이익에 직접적으로 연결되어 있는 일에도 듣고 싶은 것만 듣고, 보고 싶은 것만 보다 보니 인과관계를 제대로 파악하지 못해 늘 낭패를 본다.

음양오행의 관점으로 보면 나무는 물이 있어야 산다는 관념 때문에 겨울 나무에 물을 주어 얼어 죽게 만든다거나, 남들보다 부지런하기만 하면 풍년이 올 거라 믿고 가을에 씨 뿌리고 수확을 기대하는 것과 같다. 나무가 얼어 죽고 가을에 뿌린 씨앗에 싹이 나지 않으면 알게 되겠지만, 그때는 이미 노력과 시간을 크게 낭비한 뒤다.

그나마 운이 좋으면 지나가는 사람이 한마디해줄 때 빨리 깨닫고, 운이 나쁘면 다른 사람에게 어떤 이야기도 들을 수 없어 끝까지 자기 잘못을 깨닫지 못한다. 최악은 문제와 실패를 남의 탓이라고만 생각하고 같은 행동을 반복하는 것이다.

사주 분석을 해보면 자신의 기운이 너무 강한데 주변에 그 강한 기운을 빼주는 '식신', '상관'이나, 강한 기운을 눌러주는 '정관', '편관'에 해당하는 오행 글자들이 없다면 자신의 고집대로 살다가 어느 순간 자신만의 논리에 함몰되어 시간 버리는 줄 모르는 현상들이 많이 생긴다.

—— 무엇이 우리 눈을 가리는가

인과관계를 잘못 알아 낭패를 본 사례는 너무 많다. 여러 사례들의 이야기를 간략하게 소개해본다.

중소기업 K 대표는 직원들의 높은 이직률 때문에 고민이다. 업계 연봉보다 10퍼센트 더 주는데도 왜 오래 다니지 않는지 모르겠다. 일단 다혈질인 본인의 성격을 직원들이 부담스러워하는 듯해서 코칭도 받고 언어순화도 노력하고 있다.

실제 상황은 다혈질 자체가 문제가 아니라, 대표가 너무 적극적으로 중요한 의사결정을 다하는 것이 문제였다. 게다가 젊은 직원들에게 연봉 10퍼센트 차이는 1년에 몇백만 원 수준이다. 회사 규모가 작더라도 자기 회사처럼 일하고 실력을 키우고 싶어 온 사람들이 단순 지시만 받으니 '몇백만 원 때문에 다닐 이유는 없다'고 느끼는 것이 문제의 본질이다. 물론 직원 입장에서는 다혈질인 대표에게 조언하기가 두려웠을 테니 다혈질을 부분적인 이유로 볼 수도 있겠다.

다혈질을 석극성으로 해석한다면, 직원들이 권한 위임을 받고 일하다가 정말 풀리지 않을 때 대표가 적극적인 지원으로 문제를 해결한다면 조직원의 존경도 받을 수 있었을 것이다. 그러나 K 대표는 자신이 인간적으로 부족할 수는 있지만 회사 운영만큼은 자신 있다고 믿었다. 그래서 문제를 개인수양으로만 접근했다.

외국계 대기업 M 과장은 자신이 해외 유학파가 아니고, 영어가 능통하지 않아 회사 내에서 주목받지 못한다고 생각했다. 지사장이나 핵심 임원들이 대부분 외국에서 공부했거나 심지어 교포들도 있기 때문이었다. 이런 직장에서는 성장 비전이 없으니 이직도 생각했지만 다른 외국계 회사도 마찬가지일 것 같아 주저하며 일단 영어학원을 알아보고 있다.

M 과장의 영어 실력이 출중한 편은 아니지만 영어로 대화가 불

가능한 수준은 아니었다. 입사 초기에 참여했던 프로젝트에서 외국 본사 임원에게 발표하는 컨퍼런스 콜이 문제의 시작이었다. 보고 중에 날카로운 지적을 받고 말문이 막혔는데, 그 이후 영어 트라우마가 생겼다. 게다가 자신이 머뭇거리는 사이에 답변하는 유학파 동료를 본 순간, 이 조직은 영어를 못 하거나 해외 유학 경험이 없으면 성장이 힘들겠다고 믿게 되었다.

실제 콘퍼런스콜에서 답변하지 못했던 이유는 핵심 질문 자체에 대한 준비가 미흡했던 탓이다. 그러나 준비가 부족했던 점은 돌아보지 않은 채 영어와 외국 경험으로 문제를 전가했다. 그리고 영어 회의를 기피하기 시작했다. 당연히 승진 기회도 멀어졌다. 그럼에도 남들에게 조언을 구하지도 않았다. '나는 일 잘하는 사람이다'라는 신념이 본질을 흐리고 커리어 자체에 위기를 가져오고 있었다.

법인영업을 하는 L 차장은 본인이 술이 약하고 골프를 못 치기 때문에 동료들 대비 실적이 나오지 않는다고 생각한다. 영업 체질이 아닌 것 같아서 관리 부서로 이동을 고민하고 있다.

회사의 법인 고객 중에는 엄격한 사규를 바탕으로 거래처와의 음주와 골프를 금지한 회사도 많다. 고객을 바꾸는 것도 고려할 법한데 그는 이에 대해 고민하지 않았다. 게다가 다른 고객들을 담당하는 동료 중에 술을 한 방울도 못 마시는 사람도 있었다. 물론 그런 경우에는 대부분 골프를 치고 있었다. 술이야 체질이 맞지 않으면 못 마시지만, 골프는 특별히 건강에 문제가 없는 한 배울 수 있을 것이다. 그의 동료들은 두세 달 만에 필드에 나가야 한다는 마음으로 새벽 시간을 쪼개서 골프를 배웠다. 그런 정성으로 고객 만족을 고민하다 보니 제안서의 품질도 L 차장보다 높았던 것이나.

L 차장이 영업 체질이 아닐 수는 있다. 그러나 술과 골프를 못하기 때문이 아니다. 건강이나 도덕적 신념에 문제가 없으면 뭐든지 한다는 영업 마인드가 없기 때문이다. 자신이 영업에 맞지 않는 이유를 정확히 알지 못한다면 다른 부서를 가도 마찬가지다.

신입사원 C는 부서장이 마음에 들지 않는다. 임원들은 부서장이 일을 잘한다고 인정하고 아끼는 것 같은데 C 사원이 보기에 부서장은 정작 본인 일은 하지 않고 아래에 지시하거나, 윗사람에게 기분 좋은 말로 아부만 하는 것 같다. 업무 시간에도 자리를 비우기 일쑤다. 이런 사람이 잘나가는 회사는 옳지 않은 것 같고, 이런 회사에 비전이 있을까 싶어 퇴사도 고려하고 있다.

정상적인 회사라면, 지속적으로 대우해주는 직원은 그가 기여하는 바가 분명히 있기 때문이다. 그리고 이는 그 회사가 사업을 영위하는 방식과 연관된다. '상사는 (사원 기준에서) 사원보다 더 열심히 일해야 한다'는 생각과, '상사는 사원에게 모든 정보를 공유해야 한다'는 기대 등으로 부서장을 평가하니, '무능한데 비겁하게 출세하는 회사의 핵심인재'로 보인 것이다.

실제 부서장이 임원들에게 받은 미션들 중 하나로 입찰과 관련된 정보 동향을 조사하고 별도 보고하는 것이 있었다. 당연히 일과 시간에 밖에 나가고, 따로 임원들과의 독대를 할 수밖에 없다. 신입사원에게 진행 사항을 모두 공유할 내용이 아닐 수도 있다는 점은 생각지도 못하고 겉으로 보이는 것만 보았던 것이다.

회사에서 잘나가는 사람을 깊이 분석하지 못해서 시기하고 질투하는 경우를 많이 보았다. 잘나가는 사람을 시기하고 질투할 게 아니라, 주어진 상황을 똑바로 인식하고 상대에게 배울 점과 부족한 점을 깨달아 스스로 활용하는 법을 익히는 것이 현명하다.

—— 제삼자의 눈으로 볼 수 있다면

사안의 인과관계를 제대로 보지 못하는 이유는 크게 두 가지다. 첫째, 자신의 과거 경험을 기준으로만 보기 때문이다. 인간은 경험에서 배우고, 경험을 토대로 위험을 감지하므로 당연해 보인다. 그러나 경험이 새로운 눈을 가릴 수도 있음을 알아야 한다.

둘째, 자기 자신이 너무 중요하기 때문이다. 분석 과정에서 자신의 날것을 직면할 용기가 없으면 무의식은 자존감을 보호하는 방식으로 움직인다. 자신을 보호하는 마음에 보고 싶은 것만 보려 한다. 과거를 잊기 어렵고, 스스로를 소중히 하는 마음도 이해가지만 자신에게 도움이 되지 않는 사고방식과 태도는 과감히 바꿀 필요가 있다.

과거의 경험을 어떻게 이해하고 현재에 참고하는지, 현재의 나를 얼마나 객관적으로 바라보는지가 주어진 사주팔자를 극대화할 수 있는, 운의 상한선을 높이는 핵심 능력이다. 그리고 최소한 나쁜 운을 피해서 편안한 삶을 누리게 한다. 마음 편안하게만 살아도 성공한 인생이니 나쁜 운을 피하기 위해서라도 제삼자의 눈을 가질 필요가 있다.

運

운을 끌어당기는 습관

運

같은 조건에서도 남보다 운을 더 잘 활용하는 사람들을 교훈

삼아 자신만의 운의 그릇을 닦고 키워나가야 한다.

이 장에 등장하는 바람직한 사례들이 운을 트이게 하는

자신만의 목표와 방법을 찾게 도와줄 것이다.

좋은 운을
끌어당기는

가장 중요한
원칙

앞서 '나 중심의 사고'가 들어오는 좋은 운을 가로막고, 나쁜 운을 불러오는 결정적 이유 중 하나라고 했다. 좋은 운을 끌어당기는 가장 중요한 원칙도 그와 맞닿아 있다.

누구나 자신의 일을 우선적으로 해결하고 싶어 한다. 그리고 많은 사람들이 자신이 먼저 잘되어야 다른 사람을 돌볼 여유가 생긴다고 생각한다. 그래서 나를 중심으로 둔 관점은 당연한 듯 보인다. 같은 아픔이라도 자신의 손가락 티끌은 아프고 다른 사람의 다리 부러진 통증은 느낄 수 없기 때문이다.

나를 중심으로 생각하는 관점에서 벗어나자고 해서 단순하게 타인을 먼저 배려하자는 이야기가 아니다. 크고 넓게 세상을 바라

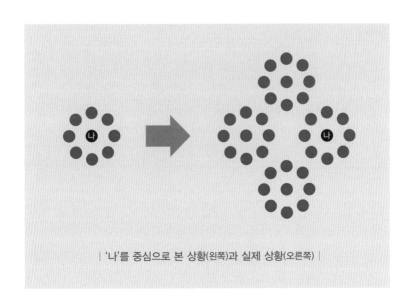

| '나'를 중심으로 본 상황(왼쪽)과 실제 상황(오른쪽) |

보는 눈이 필요하다는 말이다.

위 그림의 왼쪽은 1인칭 주인공 시점으로, 문제의 중심에 내가 있다고 본다. 오른쪽은 전지적 시점으로, 하늘에서 땅을 내려다보듯 한 발짝 떨어져서 나와 주변 세상 전체를 보는 것이다. 왼쪽의 관점으로 어떤 문제를 풀 때는 내가 보고 듣는 정보, 나와 관계를 맺고 있는 사람 등 '접점' 관계만 살피게 된다.

그런데 실제 상황은 오른쪽 그림이다. 내가 보던 네트워크는 큰 네트워크의 일부일 뿐이다. 나라는 존재는 자연 공동체 안의 작은 동물인 것과 같다. 이런 관점에서라면 직접 접할 수 없는 정보나 사람도 내게 중요한 영향을 끼칠 수 있다. 어떤 문제를 이해할 때 나를 세상의 중심에 놓으면 나무만 보고 숲을 놓칠 수 있다.

── 1인칭 시점 아닌 전지적 시점

중요한 일에 실패한 사람들과 이야기해보면 '당시에 왜 그랬는지 모르겠다', '어떻게 이런 일이 생겼는지 모르겠다' 등의 이야기를 한다. 그런데 제삼자 관점에서는 조금만 들여다보면 오히려 쉽게 이해되는 경우가 많다.

'이번에 부장님이 꼭 승진시켜준다고 했지만 나 말고 다른 사람을 승진시켰다.'
'고객에게 꼭 필요하다고 해서 그에 맞게 제품을 개선했는데 막상 구매로 이어지지 않았다.'

이와 같은 상황을 '나와 상사', '우리 회사와 고객' 사이의 상호 관계로만 이해하면 배신·불신이 원인인 것처럼 보인다. 그러나 나와 상대방을 포함하는 더 넓은 네크워크로 상황을 펼쳐놓고 전지적 시점으로 보면 다양한 변수들을 이해할 수 있다.

'부장님은 나를 승진시켜주고 싶었지만 전무님이 다른 사람을 추천했군.'

'고객이 경쟁 업체에도 니즈를 이야기했고, 그들이 더 저렴하게 제공했군.'

남의 눈으로 보면 객관적으로 이해할 일도 나를 주인공으로 놓는 순간 감정을 이입하게 된다. 그러면 눈앞의 정보, 접점의 사람만으로 상황을 해석한다. 다시 한 번 강조하지만 한 사람에게 일어나는 사건 또는 상황은 다양한 네트워크 관계 속에서 상호작용된 결과다. 원인은 복합적이라 내가 모를 뿐, 제3의 원인이 있는데 곁에 있는 사람을 비난한다고 문제가 해결되지 않는다.

좋은 운을 얻는 것은 나의 특징이 장점으로 작용하는 장소와 시간에 나를 위치시키는 것이다. 그러기 위해서는 단편적으로 주변만 봐서는 안 된다. 가급적 넓은 네트워크 관점에서 자신을 보고, 언제 어떤 방식으로 상황이 전개될지 파악해야 다가올 상황이 좋은 기회인지 아니면 피해야 할 카드인지 판단할 수 있다.

물론 명리학을 통해 어떤 시기에는 유리하고 어떤 시기에는 그렇지 않다고 판단하기도 한다. 그러나 모든 사람이 늘 잘나가지는 않는다. 자연은 공평하다. 잘될 때가 있으면 어려울 때가 온다.

사실 잘나갈 때는 흐름에 맡겨 살면 된다. 어려울 때가 중요하다. 어려울 때 흐름에 맡겨 사는 것은 위험하다. 실오라기 하나 걸치지 않고 차가운 눈길을 걷는 것과 같다. 불시의 사고도 무방비 상태에서 당하는 것과 안전벨트를 하고 당하는 것은 부상 정도가 천지 차이다. 어려울 때 행동을 조심하고 더 안 좋아질 상황들을 대비하면 피해를 최소화할 수 있다. 그러려면 자신에게 안전벨트가 되어줄 사람 또는 상황을 미리 만들어두어야 한다. 언제 어디서 누구와 교류해야 좋은지 알아야 한다. 그러려면 시야를 넓혀야 한다. 그래야 나쁜 운을 피할 수 있고 결과적으로 운이 좋아지는 효과를 얻는다.

이때 한 가지 주의할 점이 있다. 수많은 개체 하나하나에 집중하면 안 된다는 점이다. 앞서 살펴본 그림에 동그라미로 표현된 수많은 개인들의 의도를 모두 알기도 어렵지만, 내게 주는 실질적인 영향은 그들 마음속의 의도보다 개인과 개인 간의 상호작용에서 오는 경우가 훨씬 많다.

그렇다고 일대일 관계들을 하나하나 분석할 여유도 없거니와 그럴 필요도 없다. 정말 중요한 것은 그런 관계들의 전체 합, 그 속의 자신의 모습을 파악하는 관점이다. 나무와 나무들을 너무 세세하게 볼 필요가 없다. 하늘 위에서 숲을 보고, 그 숲에 내가 어디에 있는지 먼저 살핀 후, 다른 나무들 간의 상호작용이 이 숲 전체에 미치는 큰 그림만 파악하면 충분하다.

예전 직장 동료 중 한 명의 이야기다. 이직하고 초반에는 전 직장보다 10퍼센트 인상된 연봉에 기분이 좋았다고 했다. 그런데 우연히 술자리에서 자신과 경력이 비슷한 동료가 본인보다 더 연봉을 많이 받는다는 사실을 알고 나서부터는 회사 다닐 맛이 안 난다고 했다. 그러면 이직한 그는 운이 좋은 것인가, 나쁜 것인가?

나무는 물과 빛만 있다면 충분하다 ──

앞서 운이란 인간이라는 자연 상태의 한 개체가 주변 환경과 잘 상호작용하면 좋고, 그렇지 않으면 나쁜 것이라고 했다. 명리학에서 운을 따질 때는 인간과 환경, 이 두 가지 요소만 고려한다. 운을 수용한다는 점에서는 나를 제외한 모든 인간관계 역시 하나의 환경에 불과하다. 나무를 떠올려보자. 나무는 주변에 다른 생물들이 무엇을 하든 꽃을 피우고 열매를 맺으며 낙엽을 떨구고 추운 겨울을 버티며 산다. 나무에게는 생존이 절대적인 목표다. 다른 나무가 꽃을 더 많이 피우든, 옆 동물들이 무슨 생각을 하든 자신의 뿌리가 땅에서 필요한 만큼의 영양소와 수분을 흡수하고, 태양이 자신의 잎을 비추기만 하면 될 뿐이다. 옆 동네 나무의 크기까지 고민하지 않는다. 이 나무처럼 인간 역시 자연 속 한 개체라고 보면 이직한 동료의 상황이 분명해진다.

그가 남과 비교하지 않았다면 그는 새로운 회사에서 10퍼센트 인상된 연봉을 받으며 만족스러운 마음으로 일할 수 있었을 것이다. 그런 만족감은 더 진취적이고 주도적으로 업무에 임하게 했을 것이며, 나아가 다양한 능력을 인정받아 승진을 하거나 관리자 또는 리더로 더 큰 역할을 맡을 수도 있었을 것이다. 그는 그만한 자질이 있었다. 그러나 그는 불필요한 비교 때문에 자신의 운을 스스로 걷어찼다. 크게 낙담했고 동기부여도 사라져 업무에 잘 집중하지 못했다.

다른 나무가 내 앞을 막지 않는 한, 나와 나를 둘러싼 환경만 바라보아야 좋은 운을 받아들일 수 있다. 타인을 운의 좋고 나쁨을 겨루는 존재가 아니라 나의 운을 만들어주는 하나의 환경으로 보아야 한다. 그래야 운을 끌어당길 수 있다.

애써 악연으로 만들지 마라 ──────

'인간관계를 포함한 내 주변은 내가 사는 환경이자 내 운을 움직이는 공간'임을 깨닫지 못해 좋은 운이 와도 받아들이지 못하는 일도 있다.

'어떻게 사람이 저럴 수가 있을까.'

'사람이 변했어. 역시 사람 속은 모르는 거야.'

믿었던 사람에게 배신당하거나 상처받아 이렇게 한탄한 적이 모두 한 번쯤은 있을 것이다. 나 또한 믿었던 사람에게 뒤통수를 가격당했을 때, 나는 호의를 베풀었는데 막상 필요할 상황에는 도움받지 못할 때 매우 섭섭하다. 머리로는 '대자연의 관점에서는 놀라운 일이 아니다' 하면서도 어쩔 수 없이 마음이 크게 상한다.

그러나 요즘에는 의식적으로 '어떻게 저럴 수 있을까? 나한테 왜 이러는 걸까?'라는 의문을 품지 않으려고 노력한다. 상대방의 의도를 비난하고 성품을 비판하다 보면, '상황(환경)과 나'의 관계를 '그 사람과 나'의 문제로 인식하게 된다. 갑자기 들이친 비바람에 창문이 깨지고 천장에 비가 새면 화도 나고 번거롭지만 비바람을 욕하지 않는다. 비바람은 환경이기 때문이다. 그저 다음 날 해가 뜨면 빨리 보수하고 잊을 뿐이다.

반면 사람으로부터 피해를 입으면 그의 성격부터 됨됨이까지 얼마나 나쁜지 욕하다가 그 사람과 악연을 형성한다. 정확히 말하면 '상황(환경)과 나의 관계'를 '그와 나의 관계'로 불렀기 때문이다. 그러면 빨리 잊고 새로운 것을 준비하는 시간도 늦어진다. 좋은 운이 와도 보일 리 없다.

악연이 형성되면, 다른 시간과 장소에서 그 사람을 만나도 당연히 부정적인 감정이 떠오른다. 그 사람이 있다는 사실만으로 긍정적인 마음이 사라지니 좋은 운을 부를 확률이 줄어든다. 그 사람이 내게 준 피해를 예측 못한 비바람으로 여겼다면 없었을 불운의 씨앗이다. 그래서 나는 사람의 됨됨이에 의문을 품지 않으려 노력한다. 그저 나에게 피해를 준 사람을 불시의 자연재해로 보려고 한다.

상대방을 환경으로 보는 것의 또 다른 장점이 있다. 남에게 잘해줄 때 기대하지 않게 된다는 점이다. 회사 후배가 성장하도록 잘 지도하는 두 사람을 살펴보자.

선배 A

나는 이 조직에서 임원까지 성장하고 싶어. 그러려면 나를 따르는 능력 있는 후배들이 많아야 해. 자질이 있는 젊은 후배들이 좋은 프로젝트를 하도록 기회를 주고, 부족한 역량을 채우도록 돕는다면 나의 출세에도 도움이 될 거야.

선배 B

나도 신입 때 좋은 선배들의 도움을 받아 여기까지 성공했어. 후배들을 성장시키는 문화가 우리 회사에 자리 잡아야 해. 그러면 그 후배들이 또 다른 후배들을 육성시키겠지.

A와 B는 후배 지도에 관심이 크다는 면에서 후배들에게 도움이 된다. 그러나 A가 후배 각각과 인간적인 관계를 맺는 데에 초점을 맞추었다면, B는 회사에 후배 양성 생태계를 정착시키고 싶어 한다. B는 후배들을 생태계의 존속을 위한 환경적 요인으로 보는 것이다. A는 자신이 잘해준 후배가 나중에 다른 선배를 지지하면 배신감을 느낄 것이다. B는 그럴 일이 없다. 윗물이 아래로 흐르듯, 제 할 일을 했을 뿐이다. 이렇게 자연의 법칙대로 살면 사회조직도 건강해지고, 본인 마음도 괴로울 일이 없다.

그렇다고 오해하면 안 된다. 어떤 사람들은 이런 이야기를 들으면 "사회에서 만나는 사람은 친구 삼지 말란 겁니까? 회사 생활에 정 없어서 재미있겠어요?"라고 한다. 잘못 이해한 거다. 정치적·경제적 교환가치 없이, 한 명의 사회 구성원으로서 서로를 돕는다면 사심 없는 인간관계를 맺는 데에 더 도움이 된다. 마음도 다치지 않고 어색한 비즈니스 상황에서도 빠르게 관계가 회복되며, 경쟁 속에 살면서도 순수한 인간미를 느끼는 데 오히려 효과적이다.

노력의 한계를
안다

한 그루 나무, 한 송이 꽃이 마음껏 자라고 꽃피는 것 같아도 자신이 뿌리내린 땅의 영향을 받는다. 뿌리내린 토양이 나쁘면 나무와 꽃이 무성히 자라지 못한다. 흐르는 강물도 마음대로 다니는 것 같지만 오랜 풍화작용으로 만들어진 강 길을 따라 흘러간다. 이렇듯 인간도 주변 환경의 영향을 받는다. 따라서 좋은 운을 끌어당기기 위해서는 환경을 고려할 수밖에 없다. 발 딛은 곳의 토양과 주변을 고려해 나의 노력과 의지를 발동시켜야 한다. 그렇지 않으면 '이렇게 열심히 하는데 왜 되지 않는가'라는 질문에서 탈출할 수 없다.

글로벌 유명기업 지사장을 지낸 적 있는 H 씨는, 기업뿐 아니라 개인도 '포지셔닝positioning'이 중요하다고 강조한다. 포지셔닝 이론은 하버드대학교 경영대학의 마이클 포터Michael Eugene Porter 교수 등이 주장한 경영전략 이론으로, 기업의 역량도 중요하지만 기업이 어떠한 산업구조 속에 위치하느냐가 성과를 더 잘 설명한다는 이론이다. H 씨는 이 경영전략 이론에 빗대어 개인의 성공은 노력도 중요하지만 어느 시대, 어디에 존재하느냐가 더 중요한 것 같다고 말한다.

1980년대 S 그룹의 공채시험에 합격한 H 씨는 전자 계열사에 배정을 받았다. 당시에 최고 인기 있는 계열사는 상사 계열이었는데, 입사 성적이 좋아야 들어갈 수 있었다. H 씨도 상사로 가고 싶었지만, 그에게까지 기회가 오지 않았다. '전자 계열 쪽에 투자나 지원이 커질 것이라 하니 이후 전망이 나쁘지 않겠지.' 그렇게 아쉬운 마음을 달랬다.

당시만 해도 '우리나라가 무슨 반도체냐'고 핀잔받던 시대였다. 휴대폰이 지금처럼 일상화되는 것도, 일본 기업을 앞질러 더 좋은 품질의 가전제품을 생산하게 될 거라고도 상상하지 못하던 때였다. 그러다 보니 상사로 배정받지 못해 불만을 품거나 다른 회사를 알아보는 동기가 많았다.

20년 후의 모습은 어땠을까? H 씨가 다니는 회사는 세계 최고의 전자회사가 되었다. 그 역시 성공적인 커리어를 쌓아 업계에 손꼽히는 실력자로 이름을 알렸다. 남아 있던 동기들은 대부분 임원이 되었다. 그런데 80년대 상사에 배정받았다고 좋아했던 당시 최고 스펙 동기들 중에서는 임원이 몇 명 나오지 않았다. 이렇게 시간이 흘러서야 그는 몸담은 산업이 성장해야 구성원도 잘되는 것이지 개인기로 승부하는 것은 세상 논리도 아니고 조직 논리도 아니라는 것을 깨달았다.

H 씨는 우연히 처하게 된 상황을 침착하게 들여다보고 그 잠재력을 파악했다. 그리고 그곳에 커리어의 뿌리를 내리고 주변 환경과 조화를 이루어 꽃을 피웠다. 운이 좋다고도 볼 수 있다. 그러나 그의 주변에 불만만 품은 채 성실히 노력하지 않거나 일찌감치 떠난 사람도 많다는 점을 떠올린다면 그저 운 때문만은 아니었다. 그는 자신에게 찾아온 좋은 운을 더 크게 발현시키는 '적절한 노력'을 했다. 그는 늘 '노력만 가지고 되는 것은 아니지만 노력하지 않으면 아무것도 되지 않는다'고 말한다. 노력하지 않으면 아무리 환경이 좋아도 결과를 내지 못한다는 뜻이다.

그러나 50을 앞두고 그에게 큰 고민이 생겼다. 리더로 성장할수록 일사불란한 그룹의 조직문화와 자유분방한 자신의 스타일이 맞지 않는 것을 깨달은 것이다. 그는 자기 스타일대로 노력할수록 조직과의 불협화음을 느꼈다. 그때 용기를 내어 동종 산업의 외국계 회사로 과감히 이직했다. 이후 그는 성과를 내며 한국 지사장 자리까지 올랐고 계속 승승장구했다.

H 씨는 한 번은 적응을, 한 번은 변화를 택했다. 적응할 때도 업계의 최고 전문가가 되겠다는 목표를 낮추지는 않았다. 주변 환경의 잠재력을 보고 우연을 기회로 만드는 혜안을 보여주었다. 변화를 택했을 때는 정말 큰 용기가 필요했다. 현재 잘나가고 있고 앞으로도 계속 성장이 기대되는 조직에 속해 일한다는 것은 커리어 성장을 원하는 개인에게 여러 가지 이점이 있는데 그런 환경을 떠난다는 결정은 큰 위험을 감수해야 하기 때문이다. 그러나 이번에 그는 자신이 조직과 사업을 이끄는 데 가장 유리한 환경, 즉 자신과 조직의 적합성을 최우선으로 따져 과감하게 움직였다. 조직 분위기가 자신의 성향과 맞다면 자기 역량을 충분히 발휘해 다양한 시도를 해볼 수 있고, 그것이 책임 있는 자리에서 부서를 이끄는 입장에서는 더 중요하다고 생각한 것이다. 그는 어떤 일이든 잘 되려면 자신과 환경이 맞아야 한다는 것을 잘 아는 사람이었다.

이루고 싶은 바가 있다면 환경이 꿈을 뒷받침하는지 살펴야 한다. 환경이 물리적인 성장을 해야 하고, 자신과 화학적인 결합도 잘되어야 한다.

H 씨는 성격이 솔직담백하고 늘 꾸밈이 없으며 생각이 군더더기 없이 깔끔한 사람이다. 그러다 보니 주변 환경의 오늘과 미래의 전망을 객관적으로 판단할 뿐 아니라 자신의 장단점과 조직과의 업무 궁합도 건조한 시선으로 바라보고 정리한다. 이처럼 자신에 대한 불필요한 동정심이나 합리화를 걷어내고 주변과 자신을 바라볼 수 있다면 굳이 사주팔자를 보지 않아도 성공할 수밖에 없다.

목표를 바꾸거나 환경을 바꾼다 ——

나무가 뿌리내린 토양이 비옥하지 않다면 다른 땅으로 옮겨 심어야 잘 자란다. 내 주변 나무들과 함께했을 때 내가 꿈꾸는 숲의 그림이 나오지 않으면 나와 어울리는 나무들이 있는 곳으로 옮겨야 한다. 물론 자신의 '토양'과 주변 인물들을 바꾸는 것은 어렵지만, 우리는 나무가 아니기에 '삶의 토양'을 선택할 수 있다. 환경을 고려해 목표를 조정하거나 목표를 고려해 환경을 바꿀 수 있다는 말이다. 둘 중에 하나만 변경해도 자연의 원리를 깨달은 자다. 개인의 노력에는 한계가 있음을 깨닫고 어느 방향으로든 실천하는 것이기 때문이다.

만일 꿈과 목표를 절대 포기할 수 없다면, 노력만으로 해결할 수 없다는 사실을 빨리 깨닫고 환경을 바꾸어야 한다. 주변 환경이 목표 달성에 큰 영향을 주기 때문이다. 어렵더라도 같은 자리에서 노력하기보다는 환경을 바꾸라는 것이 자연이 제시하는 방향이다.

전직이나 이민, 만나는 사람들과의 관계 정리 등이 환경을 바꾸는 한 예다. 기존의 관계를 끊고 재설정하기는 쉽지 않지만 희생 없이, 박힌 뿌리가 뽑히는 아픔 없이 환경을 변화시킬 수 없다. 가장 나쁜 것이 목표 조정도 없이 환경 변화도 거부하고 같은 자리에서 노력만 하는 것임을 알아야 한다. 자신이 체인 빠진 자전거 바퀴를 돌리고 있지는 않은지 늘 돌아볼 필요가 있다.

40대 중반인 C 씨는 최근 마음이 편해졌다. 더 이상 승진에 연연하지 않기로 마음을 정했기 때문이다. 18년간 밤낮없이 일만 했고 그리하여 부장까지는 무난히 승진했는데, 최근 여기까지가 한계라는 생각이 문득 든 것이다. 연차가 비슷한 선후배들은 고위 임원들에게 칭찬도 종종 받는데, 자신은 칭찬은커녕 관심도 못 받고 있었다. 이제 경쟁도 버겁다고 느껴졌다. 건강검진 결과도 매년 나빠져 걱정스러웠다. 심지어 임원이 되고 2, 3년 만에 실적 책임으로 회사를 떠나는 선배들을 보니 복잡한 심정이었다.

자신이 회사에 기여한 시간을 생각하면 본인도 한자리 잡아야 한다는 야망이 없지는 않았다. 그러나 주변에 쟁쟁한 경쟁자들을 생각하니 오래 버틸 자신이 없었다. 몇 달을 고민하다가 결정을 내렸다.

'맡은 일만 열심히 하자. 정년에 퇴직하면 다행이고, 승진에는 관심을 갖지 않겠다.'

결심하고 나니 그동안 야근을 불사하며 일하던 자신을 돌아보게 되었다. '정말 야근을 해야 했나?', '혼자 일하기 힘드니 지원 인력을 붙여달라고 보고했어야 하는 게 아닌가?' 등 스스로에게 질문하면서 업무량을 조정했다. 승진을 바랄 때는 윗사람 눈치 때문에 경주마처럼 하루 만에 일을 끝냈고, 도움도 요청하지 않고 혼자 끝내는 경우도 많았다. 지금은 퇴근 시간을 지킨다. 그런다고 해서 회사 실적이 떨어지지 않았다. 눈치 보지 않으니 오히려 자신감이 생겼다. 자신이 예전처럼 애쓰지 않아도 할 일을 잘 끝낼 수 있고 회사 역시 잘 돌아가니 당당히 월급받기에 충분하다는 생각이 들었다. 야근하지 않는 저녁 시간에 이제 그는 그동안 하지 못했던 공부와 운동을 한다. 은퇴 후를 위해 재테크와 커리어 관련 강의도 듣는다. '승진'이라는 것만 내려놨을 뿐인데, 삶이 이렇게 달라질 줄 몰랐다고 놀라워한다. 무엇보다 신체적으로도 심적으로도 건강해진 것이 정말 축복처럼 느껴진다고 한다.

환경과 자신을 종합적으로 고려해, 자신과 어울리지 않는 옷은 일단 벗고 봐야 한다. 남 보기에 멋있지만 내 몸을 조인다면 내게 좋은 옷이 아니다. 내 몸이 편해야 개인이 환경과 조화롭게 살고자 하는 음양오행의 순리에 부합한다. 목표를 내려놓으면 새로운 목표가 생긴다. 원래 인간은 무계획적으로 살게 설계되지 않았다.

이런 맥락에서 C 씨가 목표를 낮추지 않고 바꾼 것은 매우 현명한 처세라 할 수 있다. 목표를 낮추면 자존감도 내려가는데, C 씨는 기존 목표를 일단 내려놓고 나서 자연스럽게 들어오는 새 목표를 선택했다.

많은 사람들이 목표를 바꾸는 것을 두려워한다. 그리고 바꾸는 방법도 모른다. 기존의 목표로 꽉 찬 마음에 새로운 목표를 받아들이기는 어렵다. 일단 지금 목표를 비워내면 새로운 꿈이 내 안에 들어온다는 믿음으로 용기를 내야 한다. 그것이 결국 현실적인 목표와 더불어 좋은 운을 부른다.

환경에
순응하거나

환경을
옮긴다

타고난 생년월일시는 바꿀 수 없는 인생 DNA이지만 누구나 10년 단위로 주변 환경이 변한다고 보고, 이를 대운이라고 부른다. 앞서 언급했듯이 대운을 대박운이라고 해석하면 잘못된 이해다.

누구나 10년에 한 번씩 운의 흐름이 변한다면 왜 누구는 살던 대로 살고 누구는 인생역전에 성공할까? 두 가지 견해가 있다. 첫째, 어떤 사람에게는 대운 흐름이 좋게 오고 또 어떤 사람에게는 나쁘게 온다는 것이다. 둘째, 대운은 타고난 사주가 처할 환경인데 이에 대해 어떤 사람은 준비해서 움직이고, 또 어떤 사람은 그 환경의 흐름에 몸을 맡긴다는 것이다.

사주 분석을 할 때 나는 보통 전자로 상담한다. 대부분 단순히 운이 좋냐 나쁘냐를 듣고 싶어 하기 때문이다. 그러나 특정 시기의 유불리를 확인하는 것 못지않게 언제나 순간순간 최선을 다해 살고자 하는 내담자라면 후자로 이야기한다. '이번 대운에 맞이할 환경적인 특징은 어떠어떠하다, 그러니 어떤 마음가짐으로 준비하는 것이 자연의 흐름을 활용하는 것이다'라는 식으로 말이다.

꼭 10년을 기다려야 변곡점이 올까? 그렇지는 않다. 특정 해의 운을 통해서도 변곡점을 맞이할 수 있다. 단 사주 이론에서는 10년 단위의 대운이 받쳐줄 때 한 해의 운을 활용한 변화의 폭이 더 용이하다고 볼 뿐이다. 서핑을 해도 파도의 방향과 간조, 만조를 고려해야 하는 것과 같다. 그러나 서핑 자체 못지 않게 돌아오는 과정도 중요하다. 자기가 생각한 그림대로 파도를 타는 것뿐 아니라 안전하게 해안으로 돌아오는 것 모두가 종합적인 목표다. 같은 조류라도 누구는 해안까지 돌아오지도 못하고, 누구는 조류에 발맞추는 데만 급급해한다. 하지만 고수라면 멋지게 파도를 타고 해안으로 돌아온다. 이때 파도의 모습을 대운이라고 보면 된다.

대운이라는 파도를 잘 타려면 어느 해안에서 서핑을 할지, 어떤 모습으로 돌아오고 싶은지를 먼저 정해야 한다. 해안가를 정하는 것이 목표라면, 파도를 탈 때의 멋진 모습은 과정이라고 볼 수 있다. 아무데서나 준비 없이 서핑하는 사람에게는 파도의 특징을 연구할 이유가 없다. 이는 이번 대운이 좋은지 나쁜지만 묻는 것과 같다.

명리학에서의 대운은 보통 '이번 10년은 관운이 발달하니 사업을 한다면 큰 조직에 납품하는 기회를 노리는 것이 좋고, 직장인이라면 회사 차원의 방향을 잘 살피고 처신하면 승진도 노려볼 만하다'는 식으로 알려준다. 물론 이런 조언도 도움이 된다. 그러나 조금 더 수준 높은 삶에 접근하려는 내담자에게는 '작은 이익보다 큰 이익을 위해 헌신하면 보답이 있는 기간'으로 파도의 성격을 규정하고 행동지침을 만들 것을 권한다.

마침 조직에서 크게 승진하는 것이 목표라면 관운이 좋은 기간에 승부수를 던지면 된다. 돈을 많이 버는 것이 목표이고 일반 소비자를 상대로 직접 상품을 파는 일을 해왔다면 이번 파도는 좋지 않을 수도 있다. 대신 법인 영업을 새로 검토하는 식으로 사주를 활용한다.

그러나 중요한 점은 사주나 관련 컨설팅으로 전환점·변곡점을 깨달았다면 적응하든가 변화해야 한다는 것이다. 이때 미적거리면 오히려 도태될 수 있다. 적극적으로 마음의 준비를 하지 않으면 아무리 사주 분석을 해도 자신의 운을 충분히 사용할 수 없다.

더 놀라운 비밀이 하나 있다. 대운이 현재의 내 모습 대비 불리하다고 느껴지면, 다가올 파도가 약해서 멋진 서핑을 할 수 없다면 다른 바닷가로 가버리면 된다. 물론 본인이 원하던 하와이의 와

이키키 바닷가가 아닐 수 있다. 그러나 파도가 아예 없거나 태풍이 몰아치는 멋진 해변보다, 덜 유명해도 나름의 서핑을 즐길 수 있는 곳을 서퍼들은 선택한다.

서핑을 보면 인생을 알 수 있다. 내가 얼마만큼 돈을 벌고, 어떤 지위에 오르는지 등의 바닷가 모습보다, 거기까지 어떤 모습으로 돌아오는지가 서핑의 핵심이기 때문이다. 목표를 수정할 수 있다면 다가올 대운이 마음에 들지 않더라도 즐길 만한 파도를 탈 수 있다.

상담한 분들 중에 크게 자수성가한 사람들, 예를 들면 남들이 꺼리는 분야로 사업을 진출한 기업가, 계열사를 이동한 계기로 그룹의 핵심 사장단이 된 경영자, 남들이 투자하지 않을 때 과감히 베팅해 자산을 늘린 투자자 등은 하나같이 지금의 성공을 만들어 낸 터닝포인트가 있었다. 그 인생의 변곡점에서 용기 있고 현명한 판단을 했기 때문에 오늘이 있었다고들 한다. 그러나 모두가 꼭 대운이 바뀔 때에 정확히 인생을 전환하지는 않았다. 계속 강조하지만 대운이 대박운도 아니고, 평범한 사주임에도 성공한 인생을 사는 사람들은 의지를 가지고 활동 영역을 유리한 환경으로 바꾸어 뜻을 펼쳤다. 개인기로 파도를 통제하는 일류 서퍼도 대단하지만, 용기 있게 다른 바닷가로 짐을 싸서 떠나는 이도 고수다. 우리 동네는 내일 비가 오지만 다른 동네는 맑다면, 내일은 다른 동네로 이동하는 것이다. 이 생각의 전환이 인생의 변곡점을 만든다.

환경은 시시각각 변화한다. 그대로 있으면 일기예보에서 비가 온다는 소식을 들어도 비를 맞거나 집 밖을 나서지 않아야 한다. 그러니 파도에 순응해서 잘 타거나, 바닷가를 옮겨보자.

'전략적 인내심'이
있다

명리학에서는 우리가 사는 세계가 목·화·토·금·수의 오행에 따른 공간적 구성, 춘하추동春夏秋冬의 사계절에 따른 시간적 구성을 따른다고 본다. 얼어버린 겨울 논에 씨 뿌리고 물을 줘봤자 얼은 땅 위에 무의미한 씨앗 뿌리기다. 수확이 목표라면 봄에 씨 뿌리고 여름에 관리하며 가을에 추수하고 겨울에 내년 농사를 준비해야 한다. 가뭄을 대비한다고 가까운 저수지 물을 논에 끌어들일 준비를 할 수는 있지만 여름을 단축시킬 수는 없다. 시기가 아직 겨울이라면 씨를 뿌리고 싶어도 기다려야 한다.

비즈니스가 잘 풀리지 않을 때 '아이템이 너무 앞서갔다'는 이야기를 듣곤 한다. 물론 결과를 보고 한 해석이지만, 시대를 앞서

가는 제품인 것을 미리 알았다면 출시를 미루었을 것이다. 개인의 성공에도 때가 있다. 아무리 능력이 출중해도 때가 오지 않으면 기다려야 한다. 문제는 때를 알기 어렵다는 것이다. 그래서 사주 분석을 하게 된다. 그런데 생각보다 사주 분석에서 실망을 하는 분들이 많다.

"5년 정도 지나면 선생님의 때가 시작되니 그동안 준비하고 기다리면 좋겠습니다."

"5년이요?"

"그래도 2년 정도 지나면 조금 방향은 보이기 시작합니다만."

"올해는 새로 시작하기에 좋지 않나요?"

이런 태도라면 사주 이론이 별 도움이 안 된다. 의뢰인이 듣고 싶은 이야기가 명확하기 때문이다. 그리고 듣고 싶은 이야기의 핵심은 '당신은 꼭 잘될 것이며, 그때가 생각보다 머지않았다'이다. 이런 의뢰인은 사주 상담을 하느니 본인과 지인의 상식을 동원해서 합리적인 판단을 하는 편이 낫다.

나도 30대에는 조바심에 자주 이직을 했다. 빨리 출세한 친구들과 비교하면 당연히 평범한 회사원인 당시 모습이 마음에 들지 않았다. 사실 이직 자체보다는 이직의 빈도와 방향이 문제라는 것이 이제 와 드는 생각이다. 외부에서 스카웃된다면 모를까 개인적인 판단만으로 여기저기 옮기면 커리어가 앞으로 나가지 못한다는 것을 예전에는 몰랐다. 자신의 회사나 산업의 성장성이 좋다면 당장 두각을 나타내지 않아도 괜찮다고 생각하고 젊을 때 버틴 친구들이 10년 후에 업계에서 동년배 대비 빠른 성공을 거두었다. 당시에는 10년이 길어 보였는데 지나보니 금방이었다. 돌이켜 생각해보니 청년 시절 동료들과 나 사이에 있던 격차는 전략적으로 인내심을 발휘할 수 있느냐 없느냐에서 비롯된 것이었다.

─── 새로운 스토리가 생길 때까지 기다린다

30대 후반에 대기업 임원으로 영입된 P 대표는 해당 분야에서 최고급 인재로 속한다. 40대에는 다른 대기업의 해외사업 담당임원으로 이직했고, 현재는 글로벌 회사의 한국 지사장이다.

그의 이직 패턴에는 두 가지 특징이 있다. 첫째, 30대 중반 이후 먼저 이력서를 내민 적이 없다는 것이다. 외부에서 영입 제안이 오면 그때 이직했다. 둘째, 자신의 이력에 흥미로운 한 줄이 더해졌을 때 움직인다. 그는 현 직장에서 새로운 실적을 거두지 않았다면 아직 이직할 때가 아니라고 생각한다. 나는 그의 방식이 급변하는 세상 속에서 자신의 거취를 정하는 매우 현명한 방법이라고 생각한다.

자연의 계절은 석 달 단위로 어김없이 바뀐다. 그래서 겨울 눈보라에는 동굴 속 모닥불에 몸을 녹이고 여름 땡볕에는 그늘에 몸을 숨겨야 한다는 것을 우리는 안다. 문제는 '인생의 계절'은 정확히 언제 어떻게 바뀌는지 알 수 없다는 것이다. 그렇다 보니 '때'를 알지 못하고 조바심에 뭐라도 하려다가 오히려 안 하느니만 못한 상황을 종종 맞는다.

이에 성공한 이들이 공통적으로 하는 이야기가 있다. 큰 흐름과 방향에 대한 신념이 있다면 때가 오길 기다릴 뿐이고, 기다릴 줄 아는 인내심과 때가 온 것임을 포착하는 안목, 이 둘 다가 실력이라는 것이다. P 대표가 바로 그랬다. 그는 대기업 임원으로 일하면서 회사에 새로운 글로벌 경영 시스템을 도입해 크게 주목을 받았다. 그러나 이후에는 새로운 시도를 하지 못했는데, 본인의 일에 욕심도 있고 워낙 진취적인 성향이라 이렇다 할 성과 없이 일하는 상황을 매우 힘들어했다.

그런 고민에 휩싸여 있을 때, 글로벌 경영 시스템을 도입했다는 그의 스토리를 인상적으로 봤던 다른 대기업에서 해외사업을 리드해보라는 제안이 왔다. 그는 마음속 갈등을 해소해줄 때라고 생각해 이직을 했고, 의욕적으로 사업을 이끌어 2년 만에 해당 지역의 매출을 배로 끌어올렸다.

얼마 지나지 않아 옮긴 회사에서도 그는 한계가 있음을 느끼게 되었다. 사장단에 오너가 포함되어 있어 그들과 뜻이 맞지 않는 경우 사업을 진행시키기 매우 어려웠던 것이다. 그러자 이번에도 마침 '매출 2배 성장이라는 그의 스토리'를 들은 글로벌 기업으로부터 한국 지사장 자리를 제안받게 되었다. 그는 다시 자리를 옮겼고, 현재까지 계속 성장을 주도하며 또 다른 스토리를 써가고 있다.

언뜻 그의 잦은 이직을 보고 조직에 대한 충성심이 없다고 여길 수도 있다. 그가 젊은 나이에 대기업 임원으로 영입되었음을 생각한다면 그의 운명은 전문성과 실적 하나로 먹고살아야 하는 것임을 짐작할 수 있을 것이다. 회사 내 40, 50대 차부장급도 많은데 굳이 외부에서 30대 후반의 P 씨를 영입해 큰 대접을 해준 것은 회사가 그에게 '숫자'를 기대했기 때문이다. 마치 프로 운동선수의 삶처럼 말이다. 그가 새 회사에서 충성심으로 승부를 보려 한다면 회사는 오히려 번지수를 잘못 짚었다고 생각하고 성과부터 내라고 할 것이었다.

그가 잘한 것은 새 직장에서 스토리가 생기지 않으면 절대 움직이지 않았다는 점이다. 그의 경력 덕분에 외부의 기회는 종종 있었다. 그것이 기회인지 아닌지를 그는 자신에게 새로운 일이 생겼는지 아닌지로 기준 삼았다. 자신이 새로워지지 않았으면 밖에서 온 새로움은 자신의 것이 아니라는 그의 지혜가 놀라웠다.

P 대표처럼 지금 있는 곳이 전략적 인내를 발휘할 만한 곳인지

잘 알 수 없다는 사람도 있을 것이다. 이해한다. 정말 아니다 싶을 때는 내려놓는 것도 방법이다. 일단 움직이지 않는 것이다. 마음이 흔들리는 이유는 주변에 태풍 때문일 수도 있지만, 환경은 가만히 있는데 마음에 태풍이 든 것일 수도 있다. 결정해야 할 상황이 모아니면 도인 경우에는 주변에 태풍이 온 경우이고, 이도 저도 아니라 고민될 때는 마음에 태풍이 들어온 경우가 많다. 잘 모를 때 움직이지 않고 기다리는 것도 전략적 인내에 속한다.

느려도 간다, 방향이 맞다면 ──

미동도 없이 긴 시간을 기다려서 성공을 이룬 사람들도 있다. D 씨는 신입으로 입사한 직장에서 20년 이상 근무하고 있다. 동기들 중에 일을 잘하는 편이었으나 두드러지게 눈에 띄거나 주목받는 사람은 아니었다.

그의 회사는 IT 서비스 업계 4, 5위 정도였는데, 산업은 계속 성장했지만 1, 2위 회사보다 보수가 적어서 동기들이 타 회사로 많이 이직하곤 했다. 그럼에도 본인과 기업문화가 잘 맞는데다가 마침 속한 산업이 나쁘지 않으니 그는 굳이 돈만 보고 옮기지는 않겠다고 했다. 업계에서 최고 수준은 아니지만 평균은 되는 연봉이니 먹고사는 데 지장이 없고, 직장을 돈만 보고 다니는 것은 자기 스타일이 아니라고도 했다.

그가 근무한 지 15년 정도 되었을 때 실적이 나빠진 회사가 사업을 접게 되었다. 그의 옛 동료들은 D 씨가 너무 바깥세상을 도외시하다가 벼랑 끝에 몰렸다고 걱정했다. 그러나 그는 사람들의 걱정과 달리 모 그룹에서 마련해준 자회사 임원 자리로 이동하게 되었다. 그의 전문성이 다른 자회사에서도 충분히 쓰일 수 있었고, 무엇보다 무던히 버티면서 꾸준한 실적을 낸 그의 우직함이 높게 평가받았던 것이다.

그가 회사를 판단하는 기준은 단순하다. '산업이 쇠퇴하지 않을 것 같은가?', '대우가 업계 평균은 되는가?', '자신과 기업의 정서가 잘 어울리는가?' 이 세 가지 질문에 '그렇다'라고 답이 나오면 그는 절대 이직하지 않는다고 했다. 그저 돈을 벌기 위한 일이라고 해도 사람들의 눈에 띄거나 인정받기 위해 성공하고 싶은 마음이 드는 것이 흔하기 때문에 그의 태도가 남다르게 느껴져 물었다.

"크게 한 건 해내서 인정받고, 욕심내서 더 좋은 조건으로 이직할 생각은 없었습니까?"

그러자 그는 회사가 인생의 중요한 부분이지만 전부가 아니기 때문에 크게 연연하지 않는다고 했다. 마음 편안한 삶이 최고이고, 회사와 가정은 환경의 양대 축인데, 굳이 바꾸어서 없던 소용돌이를 만드는 것은 현명하지 않은 것 같다고도 했다. 순리에 따르는 그의 태도가 운을 불렀던 것인지, 그가 일하게 된 새 회사는 업계 순위도 높고 대우도 더 좋은 곳이었다.

감정은
잊고

교훈은
기억한다

좋은 운을 불러들이는 또 하나의 기술은 '잘 잊는 것'이다. 정확히 말하면 과거의 성공이나 실수에서 교훈만 남기고 기쁨과 좌절의 감정을 제거하는 사람이 좋은 운을 불러들인다.

흐르는 강물이 늘 같아 보여도 일분일초도 같은 물이 아니다. 계속 흘러간다. 우리 몸의 적혈구도 금방 죽고 새로운 세포로 대체된다. 지구의 균형, 자연의 항상성恒常性은 수많은 변화의 집합이다. 그렇다면 어제의 나는 오늘의 내가 아니다. 한강이 같은 자리에 있으니 한강이라고 부르듯, 내가 어제와 같은 자리에 있기에 나라고 부를 뿐이다. 이미 지나간 나에게 묶여 있으면 오늘의 나는 자연의 일부로서 오행의 균형을 이룰 수 없다. 지나간 기억은 죽은 나이고 오늘의 생각이 살아 있는 나다.

음양오행을 차치하고라도, 과거에 발이 묶이면 현재를 잘살 수 없다. 이전의 성공에 과도하게 몰입하면 중년 나이에 '소싯적에 내신 1등급이었다'는 이야기나 하며 지금의 자신을 부정하게 된다. 한 번 크게 성공한 방식을 절대 진리라고 착각했다가 다음 비즈니스에서 크게 실패하기도 한다.

반면에 어떤 이는 이전의 실패에 집착하느라 필요 이상으로 두려워하는 바람에 새로운 일에 용기를 내지 못한다. 어제의 자신을 객관적으로 보고, 실패했다는 사실만 받아들인 후 경험치를 높여야 한다. 물론 어려운 일이다. 그러나 이렇게 할 수 있다면 타고난 팔자보다 좋은 운을 받아들이게 된다.

어떻게 하면 교훈만 배우고 감정을 최대한 배제할 수 있을까?

성공과 실패의 원인은 하나가 아니다 ──

명리학의 관점에서는 잘되어도 자신의 능력 덕분만은 아니고, 망해도 자신의 잘못 때문만은 아니라고 본다. 겸손과 용기를 일깨우는 관점이다. 혹시 한 기업이 파산 직전의 상황에서 기사회생한 기사나 이야기를 본 적 없는가? 그런 이야기 속에는 늘 위기를 기회로 전환시킨 리더들이 등장한다. 마치 그 한 사람이 회사 전체의 운명을 바꾼 것처럼 말이다. 그러나 전문적인 경영학 연구에 따르면 리더 한 명으로 인해 위기를 벗어나거나 위대한 성공을 거두는 일은 예상처럼 흔치 않다.

개인도 마찬가지다. 성패의 요인이 오로지 나 하나인 경우는 드물다는 점을 기억한다면 일희일비하는 일이 적어 비교적 안정적인 심적 상태를 유지할 수 있다. 나아가 과거의 일에서 감정이라는 기름을 걷어내고 교훈이라는 영양분만 얻어낸다면 성공 가능성을 높이고 실패 가능성은 줄일 수 있다.

—— 순간의 상황과 감정에 휘둘리지 않는다

통신장비 영업 경력 20년차인 K 부장은 별명이 '김뻔뻔'이다. 영업 실적이 좋지 않아도 주눅 드는 법이 없다. 고객의 요구에 대응하지 못하거나 거래 성사에 실패해도 좌절하는 표정을 찾아볼 수 없다. 그를 잘 모르는 사람은 '자존심이 없는지 아니면 생각이 없는지 모르겠다'고도 말한다. 많이 팔았다고 해서 과시하는 일도 없다. 회사 임원들은 그를 보고 '저 정도는 되어야 이 바닥에서 버틴다'라고 한다. 그런데 그는 그 뻔뻔함이 바로 본인 커리어의 비결이라고 자부한다. 왜 그럴까?

그가 취급하는 품목은 가격 경쟁이 심한 제품이다. 그런 제품을 판매하는 영업사원들은 경쟁사가 가격을 조금만 내려도 큰 타격을 받는다. 게다가 구매처에서 '무슨 배짱으로 가격을 안 내립니까?'라는 식으로 먼저 가격을 내리라고 압박하는 일이 많다. 그러면 일반적인 영업사원은 본사로 돌아와 가격 조정을 타진하거나 그게 안 되면 고객에게 봐달라 사정한다.

K 부장은 그러는 일이 없다. 오히려 본사에 '이번에 가격을 내리면 다시 회복이 안 되니까 매출 조금 내려가도 믿고 버텨달라'고 하고, 고객에게는 '저희 제품은 기술력으로 승부하기에 경기가 조금 좋지 않다고 마구 가격을 내리지는 못합니다'라고 응대한다. 그는 '경기 나쁜 이유가 내 탓도 아니고, 경기는 어차피 순환하니 버티면 돌아오게 되어 있다'라고 믿는다. 누가 '그러다가 회사가 망하면 어떻게 하냐'고 하면 '그래서 망할 회사면 가격을 낮추면 더 빨리 망합니다'라고 대답한다. 일반적인 영업사원의 태도와는 확연히 다르고 당당함을 넘어 뻔뻔해보이는 그의 태도 때문에 사내에서 그를 못마땅하게 여기는 사람도 많다.

K 부장이 무턱대고 그런 태도를 고수하는 것은 아니다. 그는 실적 상황에 대해 여러 각도로 분석하는 능력을 갖추고 있다. 한 사람의 영업실적이 단순히 개인의 역량에서 비롯되는 것인지, 상황

이 도와주지 않은 탓인지, 경쟁사의 전략에 의한 것인지 등 주기적으로 조사하고 파악한다. 타 영업사원들과 다른 영업 방식을 취할 때도 윗선에는 시장을 면밀히 분석한 보고서를, 고객에게는 판매 제품에 어떤 프리미엄 요소가 있는지 정리한 자료를 제시해 설득한다.

그도 사회생활 초창기에는 실적이 내려가면 모두 자기 탓인 것만 같았다. 수용하기 어려운 요구가 분명한데도 들어주지 않으면 고객을 놓칠 것 같아 밤낮으로 마음 졸인 일도 많았다. 회사와 고객 사이에서 어떻게 처신해야 할지 몰랐고, 회사에서도 고객에게도 읍소하듯 늘 저자세로 응대하느라 자존심이 깎이는 일들도 숱하게 겪었다. 그렇지만 실적이 나아지진 않았다. 똑같이 노력하는데도 평소보다 실적이 훨씬 나쁜 날도 있었다. 어쩌다 평소보다 훨씬 좋은 날도 있었지만 길게 이어지지는 못했다.

그러다가 정말 우연한 기회에 깨달음을 얻었다. 하루는 몇 달째 이어지는 실적 저조에 어떻게 해야 하나 고민하면서 지난 1년간 팀 전체의 영업실적 자료를 보고 있었다. 막상 자료를 찬찬히 살펴보니 자신뿐 아니라 대부분의 팀원 실적이 좋지 않았다. 시장 상황 자체도 좋지 않았고 경쟁사에서 새로운 제품을 공격적으로 영업하고 있어 기존 고객들이 많이 이동하고 있는 상황이었던 것이다.

'내가 제품을 만들지도, 시장 수요를 만드는 것도 아닌데 내가 잘나봤자 얼마나 잘났고, 못나봤자 얼마나 못났나.' 단순히 자신의 노력으로는 어찌할 수 없는 영역이 있다는 것을 깨닫고 난 후, 그는 영업에 실패해도 자신의 탓이 아니라 외부에 원인이 있다면 바로 기억에서 지운다.

그리고 산업의 성장에 대한 중장기 전망과, 회사가 지향하는 전략적 방향만 염두에 두고 매년 단위의 실적에는 연연하지 않는다. 물론 분기별로 재촉하는 상사들도 있지만, 내공 있는 경영진들은 이미 그의 뚝심을 높이 사고 있다. 이에 그는 '이런 태도도 알아주지 못할 회사면 내 인연이 아니다'라는 생각으로 버텼다고 했다. 실적에 일희일비하지 않으니 정신도 건강해지고 일과 삶의 균형도 찾았다고 했다.

운도 사람을 보고 온다 ──

오늘이 세상의 마지막 날인 것처럼 일하는 사람들이 있다. 굉장히 안타깝다. 조직과 업무에 자신의 모든 것을 던져 일하는 태도를 폄하하는 것이 아니다. 다만 그런 업무 방식은 본인의 기운을 안정적으로 유지하는 데 도움이 되지 않기에 그런 사람을 보면 다소 걱정스러운 마음이 든다.

매일 과중한 업무를 하는 사람들은 늘 표정을 찌푸리고 있다. 마음의 여유도 없어서 쉽게 불안하고 초조해진다. 그러면 새로운 일과 사람을 만날 때도 좋은 기운을 주고받으며 만나지 못한다. 운은 다양한 상황과 관계에서 비롯된다. 하루하루 열심히 산다는 것은 나와 환경이 서로 기의 균형을 유지한다는 것이다. 그런데 매일 찌푸리고 있는 사람, 여유롭지 못한 사람, 자신의 기운을 제대로 쓰고 있지 못한 사람은 좋은 운을 부르기 어렵다. 나와 환경 간의 균형과 소통이 막히기 때문이다. 불현듯 홍콩에서 부자들에게 금융상품을 팔던 후배의 말이 떠오른다.

"사실 이 회사나 저 회사나 금융상품은 다 거기서 거기예요. 누구한테 사고 싶은가가 핵심이죠."

당신이 그 고객이라고 생각해보라. 어떤 사람에게 제품을 구매할 것인가. 답은 분명하다. 피곤에 찌들어 인상을 찌푸리고 있는 사람보다는 여유로워 보이는 인상, 나아가 삶의 균형이 잘 잡혀 있어 옆 사람에게도 좋은 운을 나눠줄 것 같은 사람에게 손을 내밀 것이다.

'긍정'으로
'긍정'을 만든다

기업이 경영컨설팅 회사로부터 자문을 받으면 그 비용이 만만치 않다. 그런데 어떤 고객사는 그 자문 결과를 성공적으로 실행에 옮기지만, 어떤 고객사는 일회성 보고서로만 여기고 기획팀 서랍 속에 묻어둔다. 그 차이는 어디에서 발생할까? '컨설팅을 활용하는 자세'에 따라 다르다. 컨설팅을 받은 두 회사의 반응을 살펴보자.

고객사 A

컨설팅 내용 대부분은 아는 이야기네. 몰라서 못한 것이 아니야. 현실적으로 안 되는 이유가 있었을 뿐이지. 외부인이니까 쉽게 한 말이야. 결국 비싼 돈 내고 사장님이 시킨 숙제를 한 셈이 되어버렸네.

비싼 자문비 대신 영업사원 인센티브나 더 주는 것이 일시적으로라도 실적을 올리는 데 도움이 됐을 텐데.

고객사 B

이번 기회에 외부의 시각으로 우리 회사의 지난 시간을 돌아볼 수 있었어. 미래는 아무도 모른다지만 경제 전망과 산업 동향을 고려해 몇 가지 시나리오를 마련했으니 구체적인 변화 계획도 짜고, 실행상의 애로사항은 어떻게 해결할지 고민도 해야겠어.

어떤 회사가 컨설팅 결과를 잘 활용할지 쉽게 짐작이 갈 것이다. 고객사 B처럼 외부 조언에 긍정적인 태도로 수용해야 의도했던 변화를 행할 수 있다. 이런 지점을 개인에게도 적용해 이야기해 보자. 구체적으로 외부의 조언을 긍정적으로 받아들이는 것이 왜 좋은 결과를 가져오는지 이야기하겠다. 이것을 이해하면 좋은 운을 가져오는 데에 긍정적인 생각이 왜 중요한지도 알 수 있다.

컨설턴트가 검증된 분석 프레임워크로 기업 고객을 이해하는 과정이나, 명리학이라는 프레임으로 내담자를 이해하는 과정 모두 '외부의 시각으로 나를 바라보는 것'이다. 누구도 회사나 나의 과거를 모두 알지 못한다. 사실 좋은 분석 결과를 얻으려면 회사나 개인이나 자신의 정보를 많이 공개할수록 좋다. 그러나 보통은 상대방을 떠보려는 경우가 대부분이다. 컨설팅이나 상담의 끝까지 마음의 문을 닫고 '얼마나 잘하나 두고 보자', '과연 도움이 될까' 라고 생각하는 사람들도 있다. 긍정적인 이는 '한번 해보고 도움이 되는지 확인하자'라고 생각한다. 신사업 아이템에 관한 컨설팅도 이와 비슷하다. 컨설팅 결과가 어느 정도 합리적이라고 판단되면 그 적용과 실행을 일단 시도하게 된다. 대규모 투자가 부담되면 작은 파일럿 과제라도 실행해본다. 이렇게 일단 뭐라도 실행하면 성공과 실패 중에 하나는 얻는다. 하지 않으면, 아무것도 얻지 못한다. 긍정적인 태도의 고객사가 컨설팅 결과를 잘 활용하는 이유다.

개인도 마찬가지다. 긍정적인 사람은 사주 상담 또는 코칭, 조언 등을 받고 납득이 갔다면 일단 움직인다. 부정적인 사람은 '과연 노력한 만큼 결과가 나올까' 의심하다가 시간만 보낸다. 움직인다는 것은 정적인 상황에서 동적인 상황으로, 운運이 동動하는 것이다. 움직여야 상태가 변한다. 지금보다 더 나은 상태로 변하려면 운이 일단 '동'해야 한다. 부정적인 사람은 그러지 않는다. 시도하면 조금이라도 나아질 수 있는데도 획기적인 대안이 아니라거나 예전에 다 고민해본 것이라는 이유로 나쁜 운을 그대로 맞이한다. 알면서도 움직이지 않으니 운도 움직이지 않는다.

보다 적극적인 긍정주의가 필요하다. 행동해야 한다는 말이다. 내가 처한 상황을 조금이라도 변화시키려면 행동으로 운을 움직여야 한다. 그래야 새로운 상황이 만들어지고, 새로운 상황은 또 다른 행동이라는 숙제를 낳으니, 긍정적인 자세로 계속 행동하면 상황이 개선될 수밖에 없다. 긍정은 또 다른 긍정을 만든다.

좋은 운은 타고난 나의 사주팔자가 변화하는 환경과 조화로운 교감을 해서 만들어진다. 좋은 운이 긍정주의자를 찾아갈지 부정주의자를 찾아갈지 더 설명이 필요하지 않을 것이다.

말의 힘을
안다

D 씨는 원래 머리는 좋으나 매사에 불평불만이 많은 편이다. 그는 입버릇처럼 자신보다 실력이 부족하다고 생각한 사람들이 잘되는 것이 이해가 가지 않는다고 했다. 예를 들면 주변 사람들이 기막힌 아이디어라고 하는 것들을 들어보면 다 아는 이야기 같은데 뭐가 좋다고 호들갑을 떠는 건지 싶어 심드렁해했다. 그런 그가 자기 사업을 하겠다고 회사를 나가게 되었다.

새로운 환경에 들어서면 생각도 태도도 바뀌기 마련인데, 그는 퇴사한 이후에도 그대로였다. 누가 새로운 아이템으로 장사를 잘하고 있다기에 가보면 대단한 아이템이기보다는 그저 상권이 좋은 탓 같았다. 친구의 주선으로 사업에 도움이 될 만한 사람을 소개받아도 상대가 특별히 능력이 있어 보이지 않으면 다시 연락도 하지 않았고, 예전에 일하던 동료들이 도와줄 것 없냐는 전화를 해와도 얼마나 도움이 되겠나 싶어 인사치레로만 간주했다.

그의 사업은 잘 풀리지 않았다. 제삼자의 눈에는 그 문제가 분명하게 보였지만, 어째서인지 D 씨는 계속 자기만 일이 안 풀린다며 불평을 늘어놓았다. 좋은 소리도 한두 번이지, 푸념이 계속되자 사람들은 그와의 만남을 꺼렸다. 심지어 가족들도 그를 멀리하기 시작했다. 그런 상황에 D 씨는 간만에 가깝게 지냈던 선배를 만나 여느 때처럼 푸념을 또 늘어놓았다. 늘 자신을 위로해주던 선배가 그날은 날 선 소리를 했다.

"너는 회사 다닐 때도 불평불만을 달고 살고 매사 심드렁하더니 어떻게 네 사업을 하면서도 변하는 게 없니? 직장인일 때는 출근만 잘해도 월급이 나오니까 그럴 수 있어. 근데 네 사업을 하는 건 좀 다르지 않냐? 남 일인 것처럼 불평만 하고 손 놓고 있으면 땅에서 돈이 나오니? 아니 그리고 뭐 너만 잘났어? 기본에 충실하는 것도 엄청 어려운 일이야. 뭐가 그렇게 잘나서 열심히 사는 사람들 폄하하는 거야? 그런 식이면 될 일도 다 망치게 될 거야."

그는 무언가 머리를 크게 얻어맞은 느낌을 받았다. 주변에 잘나가는 선배, 사업에 성공한 친구들은 그저 때를 잘 만난 것뿐이라고만 여기고 있었다. 그들에 비해 자신은 아이디어가 많으니 내 사업을 하면 완전 대박이 날 거라고 자신만만해했다. 그런데 막상 회사를 나와 보니 되는 것이 하나 없었다.

일이 잘되지 않으면 으레 자기 잘못을 돌아보기 마련이다. 그런데 오랫동안 몸에 밴 삐딱한 생각 때문인가, 그는 반성은커녕 시장과 고객을 대상으로 불평하기만 했다. 말이 불만스러우니 생각도 다시 불만스러워졌다. 악순환이었다. '나 스스로 일을 망치고 있었던 건가.' 선배의 충고를 듣고서야 그는 그런 악순환을 만들고 있는 사람이 바로 자기 자신이었음을 깨닫게 되었다.

처음부터 다시 시작해야 한다는 생각이 든 그는 사업을 정리하고 다시 회사에 취직했다. 이번에는 매사 무엇을 보든 긍정적으로 생각하기로 했다. 단점보다는 장점을 먼저, 문제점보다는 개선점을 먼저 찾으려고 의식적으로 노력했다. 말을 할 때도 비슷했다. 불평불만보다는 인정하고 칭찬하는 말을 먼저 했다.

"과장님, 이번에 발표하신 모바일 앱 개선 방향 덕분에 기존 고객들의 구매 편의성이 개선될 것 같습니다. 이 장점을 바탕으로 새로운 고객들을 불러들이기 위해 고민해보고 싶은데 도와주시겠습니까?"

심지어 업무와 관련되지 않은 칭찬도 시도했다. 처음에는 낯간지러웠지만 익숙해지니 매일 아침 '안녕하세요'라고 인사하는 것처럼 입에 붙었다.

"부장님, 넥타이 어디서 사셨어요? 한결 젊어 보이네요. 저도 고 객께 그 넥타이 선물해야겠어요."

누구나 자기 좋다는 사람 멀리하는 법이 없고, 같이 있으면 기 분 좋은 사람하고 일하고 싶어 한다는 진리를 그는 이제야 깨닫게 되었다. 그렇게 동료와 사이가 좋아지고 같이 일하는 기회가 많아 지다 보니 사내 프로젝트에서 성공하는 일이 하나둘 생겼다. 그는 이제 주변에 이야기하고 다닌다. 어디에나 천재는 있겠지만 대부 분은 약간 더 뛰어난 장점을 바탕으로 성실하게 일해 기회를 잡은 것이라고 말이다. 그리고 위대한 일은 절대 혼자서 이뤄지지 않는 다고 말이다.

D 씨는 자신도 모르게 대단한 일을 한 가지 더 하고 있었다. 그 가 시작한 칭찬이 상대방의 마음을 긍정적으로 만든 것이다. 자신 에게 긍정적으로 대하는 상대가 많아지면 자신의 감정도 긍정적 이 되고, 그러면 자연스럽게 긍정적인 말을 더 많이 하게 된다. 긍 정적인 말이 다시 환경을 더욱 긍정적으로 만드는 선순환으로 이 어지니, 어느 순간 인사치레로 하던 말이 자연스럽게 나오는 것도 당연한 결과다.

긍정적인 말 습관이 몸에 배면 좋은 운을 계속 불러들이게 된 다. 마음이 긍정적이라 해도 말과 행동이 따르지 않으면 환경도 상황도 개선되지 않을 수 있다. 혼잣말이라도 해야 긍정의 프로세스가 강화된다. 내가 준 자극으로 환경이 개선되고, 그 환경이 다시 나를 개선시킨다. D 씨가 의도하지는 않았지만 칭찬으로 주변 환경을 자극한 전략은 아주 효과적인 방법이다.

생각대로 살게 되고 말투대로 살게 된다 ——

'입보살'이라는 말이 있다. 말하는 대로 이루어진다는 말이다. 최근 출간된 책들 중에는 칭찬하는 말, 용기를 주는 말, 때로는 따끔하지만 진실한 조언 등의 긍정적인 말이 좋은 일을 만들어주고, 시기하고 질투하는 말, 험담, 폄하하는 말, 사실을 왜곡하는 말 등 부정적인 말은 나쁜 일을 만들어낸다는 내용의 책이 꽤 많이 있다.

명리학의 관점에서도 이 주장을 지지한다. 말의 기운은 귀를 거쳐 자신의 마음으로 들어오고, 남의 귀를 거쳐 남의 마음으로 들어간다. 마음이 말을 만들고, 말이 다시 마음을 만드는 상호순환 관계다. 긍정적인 마음은 불확실한 상황에서도 자신과 남에게서 장점이나 기회를 찾고자 하는 태도를 만들어 작은 운도 큰 복의 씨앗으로 키운다. 부정적인 마음은 나와 남에게서 단점이나 체념, 변명하는 태도를 세워 작은 운도 큰 화의 불씨로 키운다. 전자는 주변 환경과 조화를 이루고자 하는 마음이며, 후자는 자기 자신만 보호하고 연민하는 마음이다.

우리는 큰 숲속의 한 그루 나무와 같고, 큰 산속의 바위 하나와 같다. 남과 조화롭게 어울려야 나무가 숲이 되고, 바위가 산이 된다. 남을 좋게 하는 것이 자신의 격을 높이는 길이다. 장관을 이룬 숲과 산에 사는 나무와 바위가 되는 것이 홀로 벌판에 있는 나무와 바위보다 낫다는 것이 음양오행의 가르침이다.

이런 생각을 뒷받침하는 연구나 저서도 많다. 심리학자이자 정신과의사인 리사 펠드먼 배럿Lisa Feldman Barrett은《감정은 어떻게 만들어지는가?》에서 감정은 원래 우리 안에 있다가 자극에 따라 외부로 표출되는 것이 아니라는 사실을 여러 실험을 통해 보여주었다. 그에 따르면 감정이란 주변 환경의 재료들을 통해 우리 스스로가 구성하는 것으로 기쁨과 슬픔도 원래 우리 안에 존재하기보다, 사회·문화적 환경 요소들의 영향을 받아 특정 상황에 특정 감정이 형성되도록 학습된다고 한다.

이런 접근은 명리학의 운에 대한 개념과 일치한다. 주변 환경에 따라 구성할 수 있는 긍정과 부정의 재료들이 다르다. 물론 타고난 사주팔자에 따라 주변 환경이 달라지니 이 차이가 성공과 실패에 영향을 주는 것은 어쩔 수 없다. 그러나 주변 환경을 재료로 감정을 구성하는 과정에서 스스로 개입할 기회는 있다. 의식하지 않는다면 감정 구성은 타고난 환경의 영향을 받지만, 의식적으로 노력하면 감정을 스스로 구성할 수 있다. 그리하여 운명을 바꾸고 싶다면 긍정적인 생각과 말을 꾸준히 해야 하는 것이다.

현실을 제대로 파악할 것 ——

그렇다고 무턱대고 모든 일이 잘 풀릴 거라 여겨선 안 된다. 객관적인 현실 파악이 선행되어야 한다. 아무런 준비도 하지 않았으면서 좋은 결과를 바라거나, 남에게 피해를 주고도 자신은 잘될 거라고 믿는다면 음양오행의 인과관계를 착각한 것이다.

문제는 객관적으로 현실을 인식하다 보면 부정적인 생각이 떠오른다는 것이다. '객관적'이라는 말은 상대적이다. 남과 비교하고, 부족한 자신의 상황을 직면하면 자신감이 떨어진다. 우울한 느낌도 들 수 있다. 핵심은 지금의 자신보다 나아지면 된다고 생각하는 것이다. 명리학에서 보는 나는 자연의 한 구성원이지, 세상의 중심이 아니다. 혼자 대단한 존재가 아니다. 남과 함께 어울려 만들어진 '큰 우리'가 대단한 것이다. 따라서 옆의 나무보다 조금 키가 작다고 대수로울 것 없다. 나무 한 그루가 커봤자 숲속의 일부다. 내 옆의 큰 나무도 더 큰 나무 옆에서는 작은 나무라는 사실을 알아야 한다. 나라는 나무는 그저 지금보다만 더 자라면 된다.

　남과의 비교는 객관적이고 정확한 정보를 얻는 하나의 지표일 뿐, 옆 나무만큼 자라기 위한 수단이 아니다. 삶의 마라톤에서는 이전 기록보다 단축하면 성공이다. 출전할 때부터 1등을 할 수도, 출전한 모두가 1등을 할 수도 없다. 열심히 하다 보면 인연 닿는 데까지 성장할 거라 믿고, 마음에 평화를 얻어야 한다.

　내가 사주 상담을 하면서 좋았던 점은 비교하는 마음이 많이 사라진다는 것이었다. 물론 나도 인간인지라 20평대 전세에 살 때는 30평대만 살아도 좋겠다고 생각했고, 지금도 때때로 강변의 고층 아파트에 사는 사람들이 부럽다. 그때마다 모든 것을 다 가질 수 없다는 것이 자연의 진리임을 되뇐다. 상담하면서 만나는, 직업이 화려하고, 고연봉에 사회적으로 명망이 높은 분들도 말 못 할 고민 한두 개씩 안고 산다. 누구에게나 아픈 손가락이 있다는 사실을 여러 번 눈으로 보고 귀로 들었다.

　혹자는 '난 100억만 있으면 그런 고민을 해도 좋다'라고 할지 모른다. 상대 고민을 직접 겪기 전에는 할 이야기가 아니다. 부자의 고민을 대신하라는 뜻이 아니다. 자연의 눈으로 보면 모두가 짧은 시간 호흡하다 사라져갈 수많은 구성원 중의 하나이니, 남과 비교하며 주어진 시간을 소모하지 말자는 의미다. 마음의 평화, 주변과의 조화에만 신경 써도 바쁜 인생이다.

자신을
안다

다른 사람을 파악할 때 우리는 무엇을 볼까? 생김새와 목소리, 몸
짓과 같이 눈에 보이는 것이나 말하면서 감지되는 태도와 행동만
볼까? 대게는 그의 직장, 친구, 취미, 그가 처한 상황 등 그의 주변
환경도 고려해 그를 파악한다.

반면 나 자신을 파악할 때는 어떨까? 나라는 사람을 이해하기
위해 나를 둘러싼 환경, 즉 직장, 친구, 가족, 처한 상황 등을 꼼꼼
하게 고려하며 객관적이고 종합적으로 보고 있을까? 물론 거울이
나 사진 없이는 자신의 얼굴도 볼 수 없고, 동영상으로 남이 찍어
준 모습을 보기 전에는 전체 속의 나를 볼 기회는 없다. 다른 사람
은 객관적으로 보면서 자신은 객관적으로 볼 수 없는 것이 인체

구조적인 모습이니 갈등과 오해는 이미 예약되어 있다. 하지만 환경 속의 전체적인 내 모습을 볼 수 없다면 내가 타인과 어떻게 어우러져 살아가는지도 볼 수 없고, 중요한 인과관계도 바로 볼 수 없다는 것이 명리학의 견해다.

몇백 년 전 사람들은 천동설이 진리인 줄 알았다. 지구는 세계의 중심이고, 태양이 지구 주변을 돈다고 생각했다. 지금은 태양이 중심이고 지구가 태양 주위를 다른 행성들과 함께 돌고 있으며, 태양계 이외에도 다른 우주 세계가 많다는 사실을 모두가 안다. 지구도 수많은 별들의 하나이고 우주의 중심이 아니듯, 나도 수많은 사람 중 하나라는 것이 자연의 진실이다. 인류의 과학이 발달하며 지동설은 상식이 되었지만 나에 대한 이해는 여전히 '천동설' 수준이다. 철학적·종교적 깨달음을 얻으라는 이야기가 절대 아니다. 나를 하나의 독립된 개체로 보는 것이 아니라, 남들과 관계를 맺고 있는 전체적인 그림 속에서 자신을 이해해야 정확히 알 수 있다는 의미다.

명리학에서 '나'라는 개체는 상대방이 존재하기에 해석 가능하다고 본다. 만약 내가 불로 태어났다고 가정하자. 불의 화력은 나 혼자 결정하는 것이 아니라 환경 속의 상대적 상황으로 결정된다. 한겨울 밤에 태어나면 아무리 태양이어도 그 힘에 한계가 있다. 한여름 대낮에 태어나면 촛불이어도 화력이 용광로 수준이다. 한여

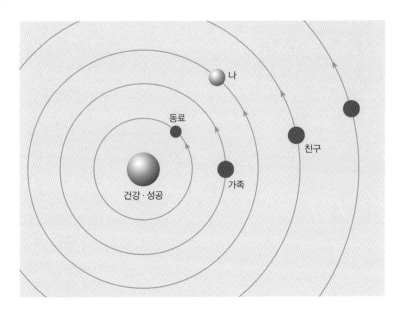

| 지동설의 관점으로 '나' 관찰하기 |

름 대낮의 촛불이더라도 사주에 열기를 식혀줄 차가운 기운이 있
느냐 아니냐도 중요하다. 조절되지 않는 불의 기운은 재해로 이어
진다.

이처럼 명리학에서 고유한 나의 모습은 주변 환경과의 관계 맺
음이 누적된 결과라고 본다. 우리가 하는 생각, 느끼는 감정, 바라
는 꿈도 환경의 영향으로 형성된다. 나라는 사람의 주제를 명확하
게 파악하기 위해서는 이런 '지동설의 관점'으로 자신을 관찰해야
한다.

실력자로 이름을 날리던 사람이 새로운 조직으로 이동한 후에는 이전만큼 인정받지 못하는 일이 종종 있다. A 씨도 그랬다. 이전 부서에서 그는 기획 역량을 크게 인정받던 사람이었다. 그런데 새로운 부서로 이동되고 나서는 전혀 그러지 못했다.

이런 일을 겪으면 보통은 '나는 원래 기획을 잘하는 사람'이라며 자신에 대한 평가는 그대로 두고 새로운 환경에서만 문제 원인을 찾는다. 그러나 명리학에서는 어떤 상황 또는 사람을 판단할 때 반드시 나와 환경과의 관계를 파악한다.

물론 위의 문제 상황은 A 씨의 새로운 부서 사람들이 그저 사람 보는 눈이 없어 생긴 것인지도 모른다. 그러나 A 씨가 이전에 근무했던 부서에서 원했던 기대 수준이나 동료들의 상대적인 역량 등을 종합적으로 파악하면 다를 수도 있다. 전 부서에서는 기획을 잘한다고 평가받을 만한 환경이었지만, 새 부서의 기대 수준이나 새 동료들의 역량과 비교했을 때는 다른 판단을 내릴 수 있는 것이다.

—— 거울을 보는 남자

J 대표는 신입사원으로 입사해 기업 대표까지 오른 자수성가형 인물이다. 그는 앞서 소개한 운 좋은 사람의 특징들을 대부분 갖추

었는데, 특히 자신의 주제를 명확히 파악하는 능력이 뛰어났다. 언젠가 성공적인 커리어를 밟아온 원인을 물었더니 다음과 같이 대답했다.

"때와 장소를 잘 만났을 뿐입니다. 굳이 한 가지 더 언급하자면 제 주제를 파악하는 데 시간을 좀 많이 씁니다."

'주제 파악'은 무슨 말인지 더 설명이 필요했다. 그가 덧붙였다.

"때와 장소를 잘 만나는 것이 기본이기는 한데요, 그 시기, 그 분야에서 제가 어느 정도 수준인지도 알아야 된다고 생각합니다. 저보다 기여할 수 있는 사람이 많으면 제가 돋보이지 못합니다. 용꼬리보다 뱀머리가 되자는 전략입니다. 물론 서로 윈윈할 수 있는 상황에 저보다 잘하는 사람 한두 명이 주변에 있으면 괜찮겠지만, 그 또한 오래 지속할 상황은 아닙니다."

그의 '전략적' 커리어 선택에 고개가 끄덕여졌다. 정말 대단하다고 생각하는 점은 자신과 동료를 직장상사와 고객의 관점에서 평가하는 객관성이었다. 자신보다 뛰어난 사람에게서 시기와 질투를 보이는 게 아닌 '내가 더 부족하다'고 인정하기는 쉽지 않다.

J 대표도 처음부터 이런 태도였던 것은 아니라고 했다. 사원·대리급 시절에는 일 욕심을 많이 내고 노력만 하면 최고가 될 것 같았다고 했다. 그러나 과장쯤 되니 윗사람들마다 사람을 평가하는 기준도 조금씩 달랐고, 서로 정서적으로 잘 통하는 느낌도 다르다

는 것이 보이기 시작했다고 한다. 그다음부터는 선택에 고민이 생길 때마다 거울을 보기로 했다. 거울 속 자신을 '관찰해야 할 나'로 부르고, 거울 밖 자신은 상황을 평가하는 직장상사나 고객이라고 상상했다.

상사 입장에서 자신이 어떻게 보일지 고민하니 생각보다 쉽게 '아, 부장님은 나를 이렇게 보겠구나. 내가 상사라도 이런 면 때문에 다른 직원에게 일을 맡기겠구나'라는 생각이 떠올랐다고 했다. 만약 그런 성찰 후에 자신의 '주제'가 맞지 않아 성과와 인정에 영향을 줄 정도라면 스스로가 변화하든지 아니면 다른 곳으로 가야 한다고 생각했다.

'거울 보기 관점'의 장점은, 상대의 장점도 객관적으로 보이니 본인의 역량개발에도 도움이 되고, 경쟁 후보인 동료들에게 감정 섞인 반응을 하지 않을 수 있게 된다는 점이다. 그 덕에 인성이 좋다는 평가까지 들었다고 했다. 거울 보기로 자신을 파악한 덕분에 몇 년에 한 번씩 사내에서 보직을 변경할 기회나, 큰 프로젝트에 참여할 기회를 잘 활용해 지금의 커리어를 쌓을 수 있었다고 했다.

나아가 그는 많은 사람들이 타인의 관점에서 스스로를 바라보지 않는 것이 안타깝다고 했다. 관점을 조금만 바꾸면 자신이 어떻게 보일지, 노력해서 바뀔지, 아예 다른 기회로 갈아타야 하는지 판단이 가능하다며, 때로는 변화하는 데 한계가 있어 참고 기다려

야 할 경우도 생기지만, 상황에 대한 객관적인 이해는 답답함보다
는 담담함을 준다고 했다. 최근 그는 거울 속 자신을 찬찬히 보다
가 조만간 은퇴할 때가 다가옴을 알았다고 한다. 이제는 후배 임원
들이 자신보다 낫다는 생각이 든다고 말이다.

이쯤 되면 사주를 보지 않아도 도사님 소리를 듣는 경지인 것
같지만, 그가 철학적·종교적 깨달음의 눈을 뜬 것은 아니다. 숲속
의 나무들을, 산속의 바위들을, 우주 속의 별들을 보는 눈을 현실
적인 이해타산에 적용시켰을 뿐이다. 자신을 세상의 중심에 두지
않았을 뿐이다.

자신의 목소리를 들어보면 ──

거울을 보는 것 외에 유용한 자기 관찰법을 또 하나 소개한다.
정기적으로 자신의 목소리를 녹음하고 들어보는 것이다. 사람 몸
은 운동이나 성형 등으로 바꿀 수 있지만 '목소리'는 바꾸기 어렵
다. 목소리에는 그 사람의 마음 상태가 드러난다.

대학교 때에 정현종 시인의 시 수업을 들은 적이 있다. 그는 "사
람의 진정성은 목소리를 들어보면 알 수 있다"고 했다. 당시에는
몰랐는데 사주 상담을 하다 보니 목소리가 그 사람에 관한 많은

정보를 보여준다는 사실을 깨달았다. 운이 좋은 시기인 사람들은 목소리의 기운이 솔직 담백했고, 운이 나쁜 시기인 사람들은 목소리가 원래 성량보다 작거나 음색이 흔들리는 등 불안한 경우가 많았다. 물론 타고난 음색도 그의 품격을 말해주지만 처한 상황에 따라 목소리는 달라진다. 목소리는 거짓말을 하지 않는다.

요즘은 스마트폰으로 녹음하기 쉽다. 매년 초 또는 어려운 일이 있을 때마다 자신의 목소리를 녹음해보자. 그 추이를 기억해두면 더 좋다. 연초라면 적어놓은 새해 결심을 직접 읽어 녹음하면 된다. 녹음된 목소리를 들어보면서 마음을 느껴보자. 만일 목소리에 불안이 많다고 느껴지면 크게 심호흡한 후에 "좋은 운이 내게 올 거야"라고 말해보자. 물론 이 역시 녹음하기를 권한다.

자신의 목소리를 들으면 마음의 소리에 가까워진다. 마음과 대화하지 않으면 상황도 참되게 읽지 못한다. "나의 계획은 어려움을 이겨내게 할 거야"라고 스스로에게 말하는 목소리를 들어보자. 얼마나 계획이 잘 준비되었는지 알 수 있을 것이다.

20년 전쯤 일이다. 명리학을 공부하기 전이었는데, 당시 첫 직장생활이 어려워서 고생하던 차에 청담동의 어느 용하다는 무속인에게 점을 보러 갔다. 그때 아주 인상 깊은 이야기를 하나 들었다.

"젊은이는 앞으로 점 보러 오지 않아도 될 것 같아. 사실 모든 사람은 적어도 자기 앞날을 보는 능력이 있지. 다만 사심에 가득 차서 보이지 않을 뿐이야. 물론 남의 운명은 나 같은 능력이 있어야 보이지만 적어도 자기 것은 볼 수 있단 말이지. 새벽에 스스로에게 물어봐. 어디로 가고 싶은지. 다들 이렇게 이야기해주어도 해보지 않더라고. 그 덕에 내가 이렇게 사람들 운을 봐주고 있긴 하지만 말이야."

무속인이 들려준 말은 '미래란 무엇인가', '운이란 무엇인가'라는 질문에 큰 인사이트를 주었다. 원하는 성취와 행복은 결국 마음에서 비롯되는데, 마음이 어디로 가고자 하는지 묻지 않고서 점과 사주를 보고, 멘토를 찾아다니는 것이 의미가 없다는 뜻이다. 반대로 스스로의 목소리를 듣는 훈련이 된 사람은 자신과 대화하는 법을 알고, 현재 얼마나 준비되었는지, 얼마나 힘든지, 무엇이 더 필요한지 깨친 사람이라고 할 수 있다.

목표나 마음 상태를 문장으로 적어보고 정기적으로 녹음하고 들어보자. 마음이 원하는 소리를 들으면 환경에서 오는 소리에도 새로운 귀가 트인다. 사실 본인 목소리를 듣는 것은 쑥스러운 일이다. 그러나 쑥스러움을 넘어 정면으로 자신을 바라본 사람에게만 생기는 눈과 귀가 있다. 그 눈과 귀는 외부 환경의 특정 이벤트들이 좋은 운을 가져오는 신호인지 아닌지도 예민하게 고를 수 있게 한다.

자신과 대화하지 않는 사람이 환경과 대화를 잘하기는 쉽지 않다. 환경에는 신호뿐 아니라 잡음도 있기 때문이다. 이런 준비가 되어 있는 분이 사주 분석을 의뢰한다면 정말 기쁜 마음으로 해드릴 것이다. 분석과 조언을 정말 잘 실행할 테니 말이다.

나눔과 운동이
습관이다

자연은 한순간도 쉬지 않고 기운을 순환시켜 균형을 유지한다. 가끔 돌아보면 봄·여름·가을·겨울이 변하고, 개체의 태어남과 죽음이 반복되지만, 어제와 오늘만 보면 크게 변화된 것이 없어 보인다. 그러나 시간이 정지되어 있지 않듯이 자연의 상태도 계속 정중동靜中動으로 움직인다. 자연의 일부분인 우리도 계속 변화하고 있다. 어제와 오늘만 보면 같아 보여도 몇 년 전과 비교하면 다름을 느낄 수 있다.

만일 더 빠르게 발전하고 싶다면 어떻게 해야 할까? 특히 힘든 시간을 더 빨리 지나가게 하고 싶으면 어떻게 해야 할까? 기의 순환 속도를 높여야 한다. 기의 순환은 신체적인 것과 정신적인 것으로 나뉜다. 신체적으로는 영양분을 섭취하고 남는 에너지를 배출하는 것이 기의 순환이다. 요즘에는 적게 먹어서 생기는 문제보다 남는 에너지를 배출하지 못해 생기는 문제가 더 많다. 그래서 운동으로 에너지를 배출해야 한다. '운동運動'의 '동' 자는 '움직임'을 뜻하니 운동으로 운을 움직일 수 있다.

정신적으로는 어떻게 해야 할까? 잡념들을 충분히 배출할 수 있는 것들을 하면 된다. 종교 활동이나 명상 같은 것들도 물론 좋지만, 무엇보다 '기부'를 추천하고 싶다. 금액에 상관없이 정기적으로 기부하는 것이다.

기부로 재물을 흘러나가게 하면 왜 좋은가? 재물은 우리를 고민에 빠뜨리는 가장 대표적인 이유다. 게다가 부단히 고생한 끝에 얻는 결과물이기도 하다. 고민의 이유이자 고생의 결과가 일정량씩 계속 밖으로 흐르면 빈자리가 생기고, 그 빈 곳에 새로운 기운이 들어올 수 있다. 그리고 기부는 남을 돕는 행위다. 마음을 좋은 방향으로 움직이는 것이므로 내 마음의 일정 부분이 밖으로 배출되는 것이다. 기부는 새로운 기운을 받아들여 나를 발전시키고, 오늘의 정체된 기운을 최대한 빨리 몰아내는 데 도움이 되는 좋은 방법이다. 실리콘밸리의 부자들이나 우리나라 아너스 클럽처럼 성공한 사람들이 아무리 바빠도 꾸준히 운동하고 자주 기부하는데, 이는 운의 논리에서 매우 자연스러운 행위다.

나 중심 사고에서 벗어나게 하는 기부 ——

자영업으로 크게 성공한 E 씨는 지금처럼 부자가 되기 전에도 소득 수준에 맞추어 꾸준히 기부해왔다. 들어보니 그는 '이기적인 이유'로 기부를 시작했다고 했다. 자신보다 어려운 사람들에게 기부하면 스스로를 필요 이상으로 불쌍하게 여기지 않게 된다는 것이다. 사업하다 보니 어느 순간 세상이 불공평하고 부조리하며 원칙대로 착하게 일하는 자신만 피해를 본다는 생각이 종종 들었는데, 도움이 필요한 사람들을 보면 '이분들이 착하지 않아서 어려운 것이 아니다'라는 생각이 든다고 했다. 훨씬 어려운 상황에서도 열심히 살아가는 분들을 보고, E 씨는 자신을 불쌍하게 생각할 시간에 고객에게 무엇이 더 부족했는지 고민하기로 했다. 그의 말에 나역시 자기연민에 빠지는 순간 상황을 객관적으로 판단할 수 있는 눈이 흐려지니 경계해야 한다고 조언했다.

그가 강조한 기부의 또 한 가지 장점은, '장사가 어려워 기부액을 줄이는 일이 없어야겠다'는 자존심을 발동시킨다는 점이다. 종교는 없지만 '장사가 잘되면 더 많이 기부할 테니 매출이 떨어지지 않게 해달라'고 하늘에 외친 적도 있었다고 한다.

그는 자신의 기부 이유가 순수하지만은 않다고 기부 사실을 철저히 숨긴다. 그러나 전혀 부끄러워할 필요가 없다고 생각한다. 타인의 어려움을 돌보는 것, 스스로의 위치를 돌아보는 일 자체가 한 개체로써 대자연에 기여하고자 하는 행위이기 때문이다.

E 씨는 최근 거래처들의 어려움에도 관심을 가지기 시작했다. 기부하면서 남에게 '감사하다'라고 하는 말을 기분 좋게 듣다 보니, 사업으로 만나는 사람은 자신과의 거래를 감사하고 있는지, 자신은 그들에게 감사하고 있는지에 생각이 닿았다고 했다. 경기는 좋지 않고 서로 이해관계도 다르지만 기왕이면 다른 업체보다는 자신과 일할 때 적어도 '덜 나쁘다'라고 생각하는 수준까지는 가고 싶다는 목표도 생겼다. 그러다 보니 서로 어색해하던 사이에도 직접 무엇을 더 해드리면 좋을지 묻고, 개선사항도 깨달으면서 비즈니스에 도움이 되는 경우가 많아졌다고 한다.

이를 '경제적인 대가를 전제로 기부하라'는 의미로 받아들이지는 않았으면 한다. 남을 돕는다는 순수한 의도와 무관하게 나의 것을 덜어내는 행위가 기의 순환을 도와 좋은 운을 불러들인다는 이야기를 하고 싶다. 그리고 E 씨의 사례같이 좋은 행위는 좋은 의도를 학습시켜 주변 사람들의 어려움에 관심을 기울이는 마음까지 생기게 한다. 의도가 행동을 만들지만 동시에 행동도 의도를 만든다. '이기적'인 기부라도 일단 실행하고 볼 일이다.

몸을 움직여 운을 움직인다 ──

회사를 이직한 지 6개월 만에 J 씨에게 위기가 닥쳤다. 새로 온 담당 부장과 코드가 너무 맞지 않았던 것이다. 예를 들어 J 씨 생각에는 금요일 저녁에 두어 시간만 회의를 더하면 결론이 날 일 같은데, 부장은 토요일에 나와서 회의하자고 했다. 금요일 저녁에 선약이 있나 했는네 그게 아니었다. 토요일에 회의를 진행하고 임원에게 보고 메일을 보내면 열심히 일한 팀으로 인정받기 쉽다는 것이었다.

부장은 J 씨가 제출한 보고서도 철자 수정 같은 사소한 지적부터 그의 이전 부하직원들이 작성한 보고서 스타일과 비교하며 "회사에 도움이 안 되는군" 등의 모멸감 섞인 말을 자주 했다. J 씨는 '이렇게 무시당하며 일할 바에 나가겠다'라는 말이 목구멍까지 올라왔지만 경력사원으로 들어온 지 얼마 지나지 않았기에 눈치 보기에도 바빴다. 결국 우울증이 생겼고, 점도 보고 사주도 보면서 희망적인 이야기를 들을 때까지 '상담 투어'를 다니게 되었다.

사주상으로 그의 상황은 한마디로 '진퇴양난'이었다. 이직운은 이미 써먹었고, 적어도 그해에는 조직 변동운이 보이지 않았으며, 구설수도 많은 해였다. 이럴 때는 아무것도 하지 않는 게 나은 시기이건만, 새로 이직했으니 직장에서 자리매김하고 상사와도 잘

지내야 했다. 그야말로 잘 버티는 것만도 대단한 상황이었다.

이럴 때 의지만 가지고 버티라고 하면 버텨낼 수 있는 사람이 없다. 마음이 극도로 괴로운데 이렇다 할 방법이 없을 때는 몸을 움직여 답답한 운, 꽉 막힌 운을 흔들어보는 것만이 답이다. 몸은 마음의 그릇이기에 우리 운의 그릇이기도 하다. 운의 변화가 오도록 몸을 움직이면서, 내 안에 우울한 기운, 나쁜 기운을 빨리 내보내고 좋은 기운을 받을 수 있는 빈 그릇으로 만들면 나쁜 시기를 조금씩이라도 단축시킬 수 있다.

J 씨는 어차피 부장이 시키는 무리한 과제를 해결하느라 매일 야근이었다. 그는 야근 식사 대신 회사 주변을 한 시간씩 걸었다. 처음 일주일은 배고프고 다리 아프고 졸렸다. 2주차가 되자 걷는 동안만큼은 회사 생각, 부장 생각 하지 않고 걷고 있는 자신의 몸 상태에만 집중하게 되었다. 3주차가 되니 배도 덜 고프고 다리에 힘도 붙었다. 몸의 변화가 신기했다. 걷기 운동이 어느 정도 습관화가 되자 체중 감량이라는 목표도 세웠다. 이제 그는 이렇게 말한다.

"신기하게 내 몸에 관심이 생기니까 남의 눈치를 덜 보게 되더라고요."

명리학에서는 마음보다 몸이 먼저 생겨났기에, 마음의 고통과 욕망보다 몸의 고통과 욕망이 먼저라고 본다. 자연은 우리의 마음에 관심이 없고, 우리의 몸이 자연과 교류하는 행동에만 관심을 보인다. 마음은 보이지 않기 때문이다. 따라서 기의 순환도 육체를 통한 순환이 우선이고, 마음도 몸에 흐르는 기의 순환에 종속된다. 극도로 배고프거나 배탈이 심할 때는 사회적 평판이나 비난에 신경 쓸 겨를이 없다. J 씨 같이 회사 내 인간관계라는 사회적 고민을 해결할 방법이 없을 때는 '몸'으로 돌아가야 한다.

다행히 그 다음해에 상사가 바뀌었다. 그러나 이미 J 씨는 담당 부장의 잔소리에 이전같이 반응하지 않게 되었다. 재미있는 점은 온갖 잔소리에도 J 씨가 예전처럼 크게 반응하지 않자 부장의 잔소리가 줄어들었다는 것이다.

불확실한 상황을
두려워하기보다
기회로 삼는다

2008년 세계적인 투자은행의 한 분석가는 국제유가가 200달러까지 치솟을 것이라 전망했다. 당시 유명 경제지들이 그의 인터뷰를 앞다투어 보도했다. 그러나 결과는? 유가가 일시적으로 130달러를 넘기도 했지만 이듬해 초에 다시 50달러 아래로 내려갔다.

경제뿐 아니라 산업이나 회사도 앞으로의 일을 정확히 예측하는 일은 어렵다. 2011년 나는 조선소와 관련된 일을 하고 있었다. 대기업 계열 조선소에 근무하던 당시 어느 매니저가 당시 해준 말이 생생하다.

"조선업의 좋은 점이 뭔 줄 알아요? 웬만하면 정년이 보장된다는 거예요."

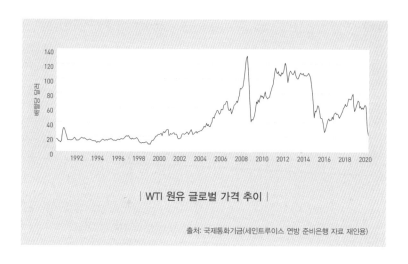

| WTI 원유 글로벌 가격 추이 |

출처: 국제통화기금(세인트루이스 연방 준비은행 자료 재인용)

그때는 유가가 다시 100달러를 넘겨 우리나라 대형 조선소들이 오일 시추 및 생산을 위한 해양플랜트를 대거 수주하던 때였다. 불과 몇 년 후 대기업 계열 조선소조차 뼈를 깎는 구조조정을 할 줄은 그도 몰랐고 나도 몰랐다. 그는 몇 년 후 희망퇴직을 신청했다.

경제 전문가도 경제를, 산업 전문가도 산업을 정확히 예측한다는 것은 불가능해 보인다. 그러면 개인은 어떤가? 우리는 개인 삶의 전문가인가? 건강 지식에 대해 의사보다 잘 알지 못하고, 금전적인 면에서는 부동산 전문가나 증권사 애널리스트보다 전문가라고 하기 어렵다. 게다가 개인의 삶은 경제와 산업의 영향 아래에 있다. 미래에 구체적으로 어떤 환경이 벌어질지 스스로 정확히 예측한다는 것은 불가능하다.

현명한 사람은 세상이 변해가는 추이를 볼 뿐이지 구체적인 변화의 속도를 알려고 하지 않는다. 더 정확히는 큰 변화를 가져오는 몇 가지 동인動因에 주목하고 기존 동인이 탈락되고 새로운 동인이 추가되면서 만들어지는 큰 흐름의 방향에 집중한다.

아주 정밀하게 사주를 분석해도 '당신 회사가 망할 것이다', '살고 있는 동네에 지진이 날 것이다' 같은 내용은 알 수 없다. 다만 미래 환경이 인생 속성의 어떤 부분에서 유리하고 불리한지를 미리 알려주고 관련 요인들에 대비하거나 보다 적극적으로 활용하도록 도울 수는 있다.

가령 향후 5년 정도 '식상운'이 강해진다고 가정하자. 식상운이란 생업에 힘쓰거나 새로운 일을 힘차게 추진하는 운이다. 마침 타고난 사주가 식상운이 필요한 구조라면 새롭게 시작하려는 아이디어를 용기 있게 추진할 필요가 있다. 반면 그 뒤의 5년이 식상운이 깨지는 기간으로 분석되면, 가까운 5년 동안 의욕적으로 성과를 내고, 뒤의 5년은 일을 크게 벌이지 말고 다소 '보수적으로 인생을 경영'하는 것이 좋다.

그리고 더 나아가 지금의 자신과 주변 환경을 돌아봤을 때 어떤 요인들이 식상운을 극대화시킬 수 있을지 연구하고 노력하면 좋은 운을 더 좋게 쓸 수 있다. 더불어 이후 어떤 요인들이 식상운을 약화시킬지 예상 시나리오를 짜고 대비해 피해를 줄인다. 식상운은 건강을 뜻하는 경우도 있으므로, 건강검진을 이전보다 자주 받는다거나 술·담배를 줄이고 안전운전에 유념하는 것도 좋은 자세다.

이 이상의 정밀한 예측은 사주 분석가도, 경제 전문가도, 재무 컨설턴트도 할 수 없다. 세상의 미래는 사람 머리로 알 수 있는 것이 아니다. 세상은 수많은 인물과 인물 사이의 네트워크 관계로 이루어진다. 여기에 자연 상황(자원·재해 등)까지 겹치면 인과관계의 경우의 수가 너무 많아서 예측이 어렵다. 다만 이러한 관계들 안에서 집단적으로 지향하는 경향이 발견되면 그것이 메가 트렌드, 즉 전문가들이 '미래 전망'이라고 부르는 것이 된다.

우리는 단지 큰 그림을 전망할 수 있을 뿐 예측할 수는 없다. 전망을 가져온 세부 요인들 중 대표적인 것들만 따라가며 이해할 뿐이다. 예측하지 못하는 불안감을 '미확정에서 오는 기회'라고 생각하면 너무 두려워할 이유는 없다.

3장에서 여러 좋은 운을 불러들이는 방법들을 알아보았다. 그 핵심 전제는 우리는 자연의 일부이며, 전체도 아니고 세상의 중심도 아니라는 점이다. 한계를 인정하고, 때와 장소를 기다리며, 주변과 주고받으며 살아가고, 그 규칙 안에서 목표와 계획을 세워야

운이 나를 돕는다. 전체 속에서 자신을 들여다본다면 상황 파악도 정확해지고 합리적인 방법도 세울 수 있다. 남을 배려하면 결국 자신에게 이익이라는 원리를 깨달아야 한다. 숲이 되려면 다른 나무가 필요하기 때문이다.

나무 하나하나가 중요하지 않다는 의미가 아니다. 자연의 일부로서 조화 속에서 뜻을 펼쳐야 주변을 멋진 숲으로 만들고, 나도 아름드리나무로 멋지게 자란다는 것이다.

4장에서는 구체적으로 좋은 운을 일상에서 불러들이는 실천 방법들을 다룬다. 나의 제안도 있지만 대부분 상담 고객들이 실천해보고 추천한 방법들이다. 행동하느냐 아니냐가 운에서는 중요하다. 바위와 나무, 물과 불 각각의 생각이 중요하지 않듯, 자연이 보는 우리도 생각이 아닌 행동만으로 이해된다는 것을 기억하자.

10년 후 인생을 바꾸는
운 관리법

운에 대한 통찰이 인생의 변화를 가져오려면 실천이 따라야 한다. 이 장에서는 하루에 단 몇 분의 투자로도 운의 그릇을 변화시킬 수 있는 방법을 제시한다.

운은 복리로
쌓인다

'노력하면 운이 좋아지는가?'

이는 명리학 공부를 처음 시작했을 때 품었던 질문이며, 지금은 주변 사람들에게 자주 받는 질문이다. 그러면 나는 쉽지 않다고 답한다. 명리학의 관점에서는 그렇다. 생년월일시에 따라 팔자를 부여받고, 10년 단위로 바뀌는 대운과 1년 단위의 세운이 결정된다. 타고난 팔자와 대운, 세운 등의 상호작용으로 운이 형성되는데, 이를 바꾸는 것은 내일 일기예보를 바꾸는 일과 같다. 웬만하면 타고난 대로 산다고 본다.

그러면 운을 좋게 바꾼 사람들은 무엇을 한 것인가? 세계적인 경영 컨설턴트 오마에 겐이치大前研一의 명언 모음집인 《난문쾌답》

에 나온 다음의 말이 적절한 답이 되어줄 것 같다.

> "인간을 바꾸는 방법은 세 가지뿐이다. 시간을 달리 쓰는 것, 사는 곳을 바꾸는 것, 새로운 사람을 사귀는 것. 이 세 가지 방법이 아니면 인간은 바뀌지 않는다. 새로운 결심을 하는 것은 가장 무의미한 행위다."

이는 결심만으로는 변화할 수 없고 주변 환경 자체가 자신의 행동을 제어하게 만들어야 한다는 인사이트를 보여준다. 특히 사는 곳을 바꾸거나 새로운 사람을 만나는 것은 주변 환경을 바꾸는 행동으로, 운이 타고난 팔자와 나를 둘러싼 환경이 감응하여 만들어진다는 것을 감안하면 오마에 겐이치의 이야기는 매우 강력한 개운開運 방법이라 할 수 있다.

습관·주거환경·인맥을 독하게 바꾸면 타고난 팔자보다 좋은 운을 만들어낼 수 있다. 그러나 모두가 그렇게 할 수 있고, 또 그렇게 해야 한다고 강하게 말하기는 조심스럽다. 습관과 환경을 바꾸는 '새로운 결심'이 쉬운 일도 아니고, 이직이나 이민을 실행하거나 인맥을 과감히 정리하고 새로운 인맥을 만드는 것도 어렵기 때문이다.

평범한 보통 사람들은 어떻게 해야 할까? 단기간에 바꾸려고만

하지 않는다면 길이 있다. 운을 자산이라 생각하고, 오늘은 적더라도 바른 방향으로 5년, 10년을 차근차근 실천하면 돈에 복리의 마법이 붙듯 운도 그렇게 된다. 다만 이를 기다릴 인내심이 없기에 많은 사람들이 운을 바꾸지 못한다.

앞서 한 사람의 생년월시를 통해 알 수 있는 가장 중요한 환경운, 즉 대운이 있다고 했다. 이 대운은 10년 단위로 바뀌는데, 이는 명리학에서 운의 흐름을 단 몇 개월, 몇 년과 같이 단기적으로 보지 않는다는 것을 의미한다. 그렇지만 우리는 늘 지금 당장 운이 좋아지기를 원한다. 현재의 금융자산과 월급이 적으면 순식간에 부자가 되기 어렵고, 장기적인 관점에서 현실적인 저축과 투자 계획을 세우는 것이 느리지만 바른 재테크 전략이듯, 운을 좋게 만드는 여정도 그와 같이 해야 한다.

거울 속의 나를
들여다보기

사주의 여덟 글자는 모두 목·화·토·금·수, 즉 오행으로 표현된다. 명리학에서 오행은 세상과 인간을 구성하는 핵심 요소다. 다섯 가지 요소는 우리가 잘 살아가기 위한 요인들을 의미하며, 성공과 실패, 행복과 불행은 이 다섯 가지가 삶에서 만드는 균형과 불균형의 결과다. 내 삶에 어떤 오행이 많은지 부족한지 알면 성공과 행복을 만드는 첫걸음을 뗀 것이라 할 수 있다. 이는 사주 분석 없이 간단한 자기 분석을 통해서도 가능하다.

한 가지 중요한 점이 있다. 명리학 관점의 운은 나와 환경, 즉 나와 주변 사람과의 관계에서 교환되고 창출된다. 나만 존재하면 운이라는 개념도 무의미하다. 곧 하게 될 분석은 모든 상황에서 남과의 관계, 더 자세히 말하면 자신이 환경 속에서 조화를 이루고 있는지, 환경의 한 구성 요소로 기여하는지를 핵심 질문으로 삼는다는 것이다. 환경의 한 구성 요소로서 전체의 조화로운 생존에 기여해야 좋은 운이 온다.

최근에 남의 눈치를 보지 말고, 내려놓을 것은 내려놓고, 마음의 소리를 따라 자유롭게 살라는 조언들을 많이 한다. 남의 눈치를 보지 말라는 말이 남과 소통하지 않고, 주변 사람들과 조화를 이루지 않아도 된다는 뜻은 아닐 것이다. 남과 소통하되 하나하나에 민감하게 반응하지 말고, 그들을 하나의 나무, 물, 바위 같은 개체라고 생각하고, 흘러가는 상황을 운의 순환으로 담담하게 받아들이라는 것이다. 환경의 한 개체로서 전체 환경을 지탱하는 데 일정 역할을 해야 우주의 기운이, 대자연의 운이 나를 돕는다. 이를 자존감 지키기와 혼동하면 안 된다.

다음에 소개할 질문들은 모두 다른 사람과의 관계, 즉 주변 환경에 스스로 얼마나 기여하는지 묻는다. 제삼자의 관점으로 질문하고 답하려면 '거울 속 나'를 보는 기법이 도움이 된다.

나에게 나를 묻다 ──

일단 큰 거울 앞에 서보자. 거울 속 나를 내가 아닌, 과거의 삶과 현재의 속마음까지 이해하는 어떤 대상으로 간주하자. 그리고 오행 요소별로 거울 속 사람이 어떤 상태인지, 왜 그렇게 생각하는지 질문하고 그에 답하면 된다.

처음부터 솔직하게 판단하기는 어렵다. 첫날은 다음에 소개되는 다섯 영역 가운데 한 영역만 시도해보자. 빨리 답할 필요는 없다. 질문에 '예'와 '아니오'로 답한다. 그리고 왜 그렇게 대답했는지 생각해본다.

─ 목木

나무는 오행 중에서 유일하게 생명을 가진 존재다. 따라서 인간을 존중하는 마음, 어진 마음을 뜻한다. 타인에 대한 배려가 없으면 좋은 운을 가져올 수 없다. 많은 사람들이 나의 성공을 축복하는 마음이 있다는 것은 대지의 기운이 나를 도와주는 것과 같다. 남을 괴롭혀서 일시적으로 성공하더라도 다른 부분에서 불행하거나 궁극적으로는 실패한다. '목'의 속성과 관련한 질문들은 다음과 같다.

- 나는 남의 성공에 기쁨을 표현하는가?

- 나는 남의 실패에 슬픔을 표현하는가?

- 나는 남의 실수에 관대한가?

─ 화火

불은 자신의 에너지를 나누어서 상대의 생명을 유지하고 유용함을 높여준다. 태양은 대지의 곡식을 여물게 하고, 촛불은 밤을 밝히며, 용광로는 원석을 쓸모 있는 연장으로 만드는 것과 같은 이치다. 하늘의 태양은 높은 이상을 뜻하고, 일체의 부정함과 무례함을 태워버리니 정직과 예의범절을 뜻한다. '화'의 속성과 관련한 질문들은 다음과 같다.

- 나는 남의 성공을 돕는가?

- 나는 남에게 친절한가?

- 나는 남에게 정직한가?

─ 토土

흙은 집을 짓고 거주하며 농사를 짓고 생산하는, 열심히 살아가는 토대다. 우리가 발 딛는 땅을 믿지 못하면 세상을 살 수가 없다고 사주명리는 말한다. 따라서 흙은 성실과 신뢰의 대상이다. 땅이 흔들리면 그 위의 삶도 지탱되지 않으니 안정의 대상이자 삶의 중심을 뜻한다. '토'의 속성과 관련한 질문들은 다음과 같다.

- 나는 남에게 신뢰를 주는가?
- 나는 남에게 공정한가?
- 나는 남에게 성실한가?

– 금金

쇠는 금속이며 날카롭기에 단호함·냉정함을 의미한다. 모난 특성으로 엄격한 규정과 규율, 의리를 뜻한다. 현대사회에서는 의리를 약속으로 이해한다. 매사에 좋은 게 좋은 것이라 생각하고, 원하는 결과를 얻지 못하는 사람은 '금'의 속성이 부족한 것으로 설명한다. 물론 배려심이나 인간 존중과는 별개이고, 상호 배치되지 않는 개념이다. '금'의 속성과 관련한 질문들은 다음과 같다.

- 나는 남과의 원칙에 단호한가?
- 나는 남이 원칙을 따르도록 돕는가?
- 나는 남과의 약속을 지키는가?

一 수 水

물은 생명을 잉태하는 기운이다. 무언가를 품고 있다는 의미로, 사려 깊고 심사숙고한 성향, 지혜로움 등을 뜻한다. 흐르는 물은 칼로 벨 수 없으므로 유연성을 뜻한다. 물에 몸을 맡기면 물길을 따라 움직이므로 사람 사이의 교류를 뜻하기도 한다. '수'의 속성과 관련한 질문들은 다음과 같다.

- 나는 남과 지식과 지혜를 나누는가?
- 나는 남들의 교류와 협력을 돕는가?
- 나는 남의 의견에 유연하게 반응하는가?

위의 질문들은 운 자산의 기초를 단단하게 하려는 목적이다. 건강으로 따지면 면역력과 기초체력을 확립하는 것이다. 시험 합격, 투자수익 실현 등의 구체적인 욕구를 달성하기 위한 베이스캠프를 마련하는 것이다. 운의 베이스캠프를 단단하게 세우지 않으면 성공한다 해도 일시적일 뿐이며, 한 분야에서 성공할 수는 있어도 다른 부분에서 무너진다.

명리학은 인간관계·건강·부·명예 등 인생사 여러 분야에서 과락 없이 평균 점수가 높은 상태를 지향한다. 운의 기초가 단단하면 성공했을 때 그 성공을 오랫동안 지속시킨다. 실패했을 때는 실패로부터 빨리 벗어나 회복한다. 그래서 중장기적으로 보고 운의 토대를 다져가야 한다.

이런 사연도 자주 듣는다. 어떤 사람을 많이 도와주었는데 정작 자신이 도움이 필요할 때는 도움받지 못했다는 것이다. 그러나 상대의 입장에서는 당신의 도움이 생각만큼 효과적이지 않았을 수도 있다.

여기서 더 중요한 것이 있다. 운의 교류는 일대일 관계가 아니라는 점이다. 주변 사람들에게 베푼 좋은 마음과 도움되는 행동이 일정 단계를 넘어가면 주변 누군가가 나를 돕는, 운이 좋은 상황이 발생하게 된다.

선배 한 분이 어려운 소송을 하게 되었다. 평소에 본인에게 도움을 받던 친구들은 소극적이었는데, 얼굴만 알고 지내던 다른 지인들이 많은 도움을 주었다고 했다. 지인에게 들은 다른 이야기도 운의 원리와 일치한다. 한번은 부서원들이 원칙을 넘나들며 일하고 있었다. 이에 지인이 동참을 거부했더니 그때부터 보이지 않는 불이익을 받았다고 했다. 하지만 몇 년 후 내막이 알려지면서 오히려 본인이 돋보이는 계기가 되었다고 했다.

옳은 생각과 행동이 좋은 운으로 보답받는 경로와 시기는 우리가 예상하는 것과 다른 형태로 온다. 그러나 꼭 돌아온다는 믿음으로 기다렸으면 한다.

이해를 돕기 위해 실제 위의 질문들로 자신을 들여다본 사례를 소개해본다. 작성자는 중견기업 관리자로 근무하는 직장인 B 씨다. 의도의 선량함과 관계없이 제삼자의 관점에서 나의 행동을 바라보는 기준으로 답해보자.

一 목木

번호	질문	대답
1	나는 남의 성공에 기쁨을 표현하는가?	아니다. 친한 사람이 성공했을 때만 기쁘다.
2	나는 남의 실패에 슬픔을 표현하는가?	아니다. 솔직히 경쟁자가 실패했을 때는 기쁘다.
3	나는 남의 실수에 관대한가?	아니다. 내가 불편해지면 화가 난다.

一 화火

번호	질문	대답
4	나는 남의 성공을 돕는가?	아니다. 경쟁자 만드는 것 같아서 싫다.
5	나는 남에게 친절한가?	그렇다. 나도 대접받고 싶어서 친절하게 대한다.
6	나는 남에게 정직한가?	그렇다. 거짓말하면 스스로 불편하다.

ㅡ 토土

번호	질문	대답
7	나는 남에게 신뢰를 주는가?	그렇다. 늘 긍정적으로 행동한다.
8	나는 남에게 공정한가?	아니다. 힘 있는 자의 편을 든다.
9	나는 남에게 성실한가?	그렇다. 맡은 일은 어떻게든 완수한다.

ㅡ 금金

번호	질문	대답
10	나는 남과의 원칙에 단호한가?	그렇다. 나중에 말 나오는 상황은 싫다.
11	나는 남이 원칙을 따르게 돕는가?	아니다. 남의 일에 끼고 싶지 않다.
12	나는 남과의 약속을 지키는가?	그렇다. 사회인의 기본이라고 생각한다.

ㅡ 수水

번호	질문	대답
13	나는 남과 지식과 지혜를 나누는가?	그렇다. 나누기는 하지만 나중에 나도 도움을 받아야 한다.
14	나는 남들의 교류와 협력을 돕는가?	그렇다. 인맥 차원에서 좋다고 생각한다.
15	나는 남의 의견에 유연히 반응하는가?	아니다. 모든 이야기를 들을 여유가 없다.

| 오행에 따라 자신을 들여다본 문항과 B 씨의 답변 |

B 씨의 경우, 화·토·금·수 네 가지 오행 영역에서 '예'가 많으니 좋은 운의 자산을 쌓고 있는 것으로 보여 긍정적이다.

단 목의 질문에서 모두 '아니오'라고 대답한 부분에 주목해야한다. 특히 '목' 항목에서 성공에 기뻐하고 실패에 슬퍼하는 것을 '착한 마음'이라고 오해하면 안 된다. 남이 보기에 기쁨과 슬픔을 진심으로 표현하려면 마음에서 우러나와야 하지만, 내 선한 마음이 중요한 것이 아니다. 기쁨과 슬픔에 공감하고 표현하면 상대방에게 마음의 기운이 전달된다는 점이 핵심이다. 나중에 누가 나에게 도움이 될지 모르는 면도 있다. 그러나 특정 사람이 나를 돕는 것이 아니라 내 행동이 좋은 기운이 되어 사람들, 즉 환경에 전달되고 나중에 그 기운을 돌려받는 것이므로 친하지 않은 사람의 성공에도 기쁨을 표현하고, 경쟁자의 실패에도 슬픔을 표현해야 한다. 주변 사람들을 좋은 운을 주고받을 환경 전체로 보는 것이다.

'아니오'라고 적은 항목을 '예'로 바꾸기 위해서는 무엇을 해야할까? 어떤 실천 방안을 마련해야 하는가? 계획과 실천은 생각보다 어렵다. 그래서 제안하는 방법은 '자주 묻기'다. 자주 스스로에게 위의 질문들을 묻고 '나는 아직 이런 항목은 예라고 말하지 못하는군'이라고 인식하면 된다.

스스로 어떤 오행이 비어 있는지 통찰하고, 이를 자주 되뇌어 의식하기만 해도 어느새 행동이 변한다. 다만 최소 일주일에 한 번은 자신에게 질문해야 한다. 매일 오전에 질문하면 가장 좋다. 목·화·토·금·수에 해당하는 요일마다 세 가지씩만 질문해도 일주일에 닷새는 나를 돌아보는 질문을 하게 된다. 구체적인 실천 방안을 마련했다가 중간에 그만두는 것보다 오랫동안 자신을 돌아보는 방법이 효과적이고 효율적이다. 그리고 몇 달에 한 번쯤 점검하는 시간이 필요하다.

남의 눈으로
나를 들여다보기

석 달 정도 자문자답한 후에는 비교적 잘 아는 사람에게 같은 질문을 해보아야 한다. 직장 동료 등 가급적 비즈니스 관계로 만나는 사람이 좋다. 가족과 친구보다는 현실적인 공생관계에 있는 사람이 적합하다. 만남의 빈도를 보았을 때도 친구보다는 직장 동료나 사업 파트너를 더 자주 만나니 그리 어렵지 않을 것이다.

2단계의 목적은 그간 자신이 얼마나 변했는지 확인하는 것이다. 자신의 행동을 매주 한 번씩 석 달간 돌아보았다면, 열두 번 이상 성찰했을 것이다. 매일 몇 가지 문항을 생각했다면 석 달은 행동이 변하기에 충분한 시간이다.

물론 처음의 자기 평가와 타인의 평가가 여전히 '아니오'인 항

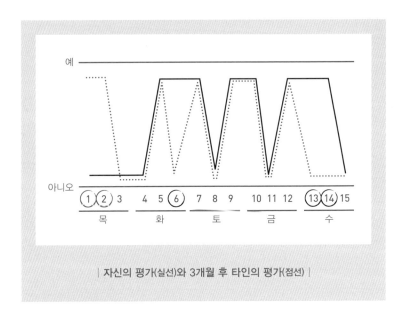

| 자신의 평가(실선)와 3개월 후 타인의 평가(점선) |

목들도 있을 것이다. 그러면 다시 석 달 후에 재점검해보면 된다. 바뀌었다면 다행이고, 바뀌지 않았다면 다시 한 번 더 생각해볼 기회를 얻어 좋은 것이다. 거울 옆에 질문지를 붙여놓고 출근할 때마다 세 개씩 요일별로 물어보는 사람은 적어도 1년 후에는 완전히 변할 것이다.

오행에 따라 자기 분석을 했던 B 씨는 석 달 후, 회사 동기에게 같은 질문을 던져 자신의 변화를 점검했다. 그랬더니 동기들은 B 씨가 '아니오'라고 답한 1번, 2번 항목은 '그렇다'고 했다. 6번, 13번, 14번도 B 씨와는 다른 답을 했다. 그 차이를 그림으로 표현하면 왼쪽과 같다.

　그림의 6번, 13번, 14번 실선 항목은 오히려 초기에 관대하게 '예'라고 평가한 부분이다. 물론 석 달 전보다 나빠졌을 수도 있지만, 현실적으로는 처음에 잘못 평가했을 가능성이 높다. 1번과 2번의 실선은 개선되었거나 스스로를 과소평가한 것이다. 스스로 열다섯 개 항목을 생각할 기회가 생긴다는 점이 중요하므로, 처음부터 남에게 물어보고 스스로의 평가와 비교를 해도 좋다. 중요한 것은 자신이 '예'라고 했던 부분에 남들은 '아니오'라고 답했다는 것이다. 상대에게 왜 그렇게 평가했는지 물어보고 스스로 납득하는 시간을 가지는 것만으로도 변화하는 과정이고, 좋은 운을 쌓아가는 토대가 될 수 있다. 더 정확히는 좋은 운을 담는 '운의 그릇'을 빚고 있는 것이다.

과거를 정면으로 바라보기

좋은 운을 조금만 더 빠르게 불러들이고 싶다면 한 가지 더 추천할 만한 방법이 있다. 앞의 방법이 미래를 위해 현재를 점검하는 것이라면, 이 방법은 미래를 위해 과거를 점검하는 것이다. 바로 과거의 실패를 정확히 복기해서 같은 실수를 반복하지 않는 것이다.

원래 타고난 팔자로 인해 사람은 특정한 상황에서 느끼는 감정 공식이나 행동이 어느 정도 고정화되어 있다. 그래서 실수를 반복한다. 인간이라면 실수를 할 수밖에 없으나 개인의 이익에 큰 손해가 되는 실수는 막아야 한다. 다행스럽게도 사주 분석 없이 지난 과거를 돌아보는 것만으로도 대부분 예방이 가능하다. 스스로 깨닫는 편이 타인의 조언을 진지하게 고민하지 않는 것보다 100배 효과적이다.

───── **인생도 바둑처럼**

우선 살아오면서 손해를 입었던 순간들을 기억나는 대로 모두 적어본다. 금전이나 경력상 손해뿐 아니라 감정적으로 크게 상처 받은 경험도 포함한다. 그런 뒤에 손해 입은 정도가 '매우 크다'와 '약간 있다'로 나눈다. 또 다른 기준으로, 같은 종류의 손해를 두 번 이상 경험했는지 아닌지로 나눈다. 손해들은 그림과 같이 사분면을 기준으로 나눌 수 있다.

과거의 실패로 손해 입은 정도가 매우 크며 빈도가 두 번 이상 이면 '매우 심각', 손해 입은 정도가 매우 크거나 빈도가 두 번 이하면 '심각'으로 분류한다. 손해 입은 정도가 크지 않고 한 번만 있던 일이라면 일단 심층 분석 대상에서는 제외한다.

심각성을 판단하는 기준은 물론 개인마다 다르다. 과거의 실수를 분석·평가하는 것은 객관적으로 접근할수록 좋지만 과거란 본인만 기억하는 주관적인 영역이다. 따라서 과거의 실수들을 나열·분류했다면 당시 상황을 잘 아는 제삼자라고 가정하고 원인을

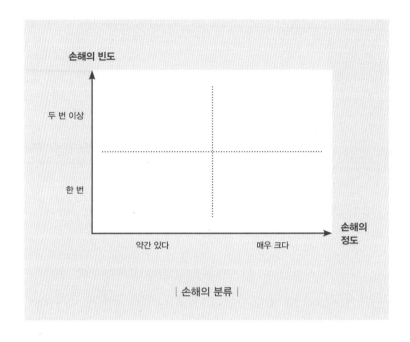

| 손해의 분류 |

분석한다. 과거의 실패와 관련해 지금의 정보를 어떤 합리적인 사람이 가지고 있다고 전제하며 그의 관점에서 접근하는 것이다. 이는 실패를 가져온 불가항력적 요소를 제거하고 나의 어떤 특징 때문에 실패가 일어났는지 알기 위함이다. 과거에 방점을 두는 것이 아니라 미래에 같은 패턴의 반복을 막자는 의미다. 자신을 돌아보는 목적이 핵심이므로, 불가항력적인 요소들도 가급적 세분화해서 '나'로 귀인시킬 요인들을 발견할수록 좋다.

사실 천재지변이나 불의의 재해를 제외하고는 불가항력적인 요소들은 매우 적다. 개인에게 곧 닥칠 일은 팔자의 DNA로, 경영 환경의 변화는 시장과 고객이 보내는 신호로 어느 정도 예측이 가능하기 때문이다.

그럼 이제 본격적으로 과거의 실수나 실패 원인을 분석해보자. 이때도 오행 요소별로 분류한다.

━ 목木

앞서 언급했듯이 나무는 오행 중에서 유일하게 생명을 가진 존재다. 물·불·흙·금속 모두 생명체가 아니다. 생명은 언젠가 사라진다는 유한성을 특징으로 한다. 그래서 목표가 생긴다. 목표가 불확실하거나 부정확해서 생기는 실패와 관련된다. 생명 존중과 배려도 나무의 특징이므로 주변 사람에 대한 이해와 배려가 부족해 생긴 실패도 포함한다.

━ 화火

불은 토양을 따뜻하게 하여 곡식이 자라게 하고 원석을 녹여 유용한 금속으로 만든다. 이를 위해서는 일정 수준의 화력火力이 필요하다. 목표 달성에 필요한 자원과 노력이 부족하거나 변화와 혁신이 미흡해 발생한 실패와 관련된다.

─ 토土

흙은 생명의 토대다. 씨앗은 좋은 논밭에 뿌려져야 하고 높은 건물은 단단한 지반에 세워져야 한다. 아직 따뜻하다고 초가을에 씨를 뿌리면 헛수고이고, 주변 건물이 멋지다고 지하에 물이 넘치는 토양 위에 기초공사를 시작하면 사상누각沙上樓閣이다. 일을 추진하면서 때와 장소를 잘못 판단하거나, 스스로 준비가 부족해 생긴 실패와 관련된다. 흙에 씨 뿌리고 벼가 자라는 시간이 필요한데 너무 빨리 포기해서 결실을 놓치는 것도 '토'와 관련된 실패다.

─ 금金

쇠는 금속의 단단함과 차갑고 날카로운 성질을 뜻하므로 냉정하고 단호하지 못해 실패한 경우와 관련이 있다. 쇠는 원칙과 약속의 기운도 되니 법과 규칙, 약속 등을 지키지 못해 발생한 실패도 포함한다.

─ 수水

물은 지식과 지혜의 상징이니 잘못된 정보나 정확한 정보 수집이 부족해 생긴 실패를 뜻한다. 물의 흐름은 인적 교류와 유연성도 뜻하니 인맥의 부족이나 경직된 사고방식으로 상황에 대처하다가 생긴 실패와도 관련된다.

회사원 D 씨의 예를 들어보자. D 씨는 두 번 이상 실패했으며 손해 본 정도가 큰 건으로 이직을 들었다. 그는 20여 년 직장생활 동안 네 번 옮겼는데 그중에 두 번은 이직한 지 얼마 지나지 않아 그만두었다. 그 결과 연봉도 줄고 업계 평판에도 흠이 갔다.

공통된 원인은, 직전 회사에서 상사와 마찰을 견디지 못하고 자세히 알아보지도 않은 채 연봉을 더 준다는 회사로 옮긴 것이었다. 더욱 아쉬웠던 부분은 이전 회사의 경우 모두 그의 이직 직후 상사가 다른 부서로 옮겼다는 점이다.

두 번 모두 새 회사의 업무 강도가 너무 심했다. 야근도 많고 실적 압박도 참기 어려울 정도였다. 일과 삶의 균형을 중시하는 그로서는 사람 간 갈등이 없더라도 버티기 어려웠다. 동창이나 지인들이 새 회사에 한두 명씩은 근무했기에 사전에 근무환경을 확인할 수 있었지만 급히 이직하려는 마음에 잘 알아보지도 않았다.

결국 필요한 정보를 수집하지 않았으니 '수水', 조금 더 참지 못했으니 '토土'와 관련된 실패라고 할 수 있다. 특히 두 번 반복했다는 점에서는 앞으로 직장상사와 갈등이 생기면 또 성급하게 이직할 수 있다.

그럴수록 한 발짝 떨어져서 옆 사람은 참는데 본인은 참지 못하는 이유가 무엇인지 살펴야 한다. 남들은 갈 곳이 없어서 참는 것인지, 싫은 이야기를 들어도 기분을 잘 다스리는지 등 본인과 무엇이 다른지 숲과 나무의 관점에서 비교해야 한다. 본인만 특별하다고 생각하면 오히려 문제가 풀리지 않고 실패를 반복한다.

D 씨가 크게 실패한 또 다른 경우는, 부동산 매물을 섣불리 계약했던 일이다. 무리해서 수천만 원의 계약금을 일단 지불했는데, 다음 날 기대수익이 생각보다 못할 수 있다는 사실을 알게 되었다. 수천만 원을 생각하면 지금도 속이 쓰리고 하늘이 노래진다고 했다. 조급한 마음에 필요한 정보를 분석하지 않았으니 역시 '수水'와 관련된 일이다.

두 사례를 종합하면 그는 필요한 정보를 확인하지 않고 충동적으로 큰 결정을 하는 성향이 있다고 볼 수 있다. 실제 팔자를 분석해도 맑아야 할 물의 기운이 탁해져 있었다.

실제 과거의 실패 경험을 분류하고 원인을 이해한 다음에는 어떻게 해야 하는가? 앞서 오행의 열다섯 가지 항목으로 오늘의 나를 보는 것과 비슷하다. 새로운 과제를 만들어 성향을 고치려 해도 쉽지 않으니, 그저 '나는 이런 이유로 실패했구나'를 반복적으로 되짚기만 해도 많이 좋아진다. 자기를 정확히 알면 행동은 자연스럽게 따라온다. 실천이 어려운 이유는 뼈저리게 깨닫지 못했기 때문이다. 인간은 망각의 동물이기에 자주 자신의 약점을 되돌아볼 뿐이다. D 씨가 다른 실패들도 함께 분석해 과거의 실패 이유를 정리한 내용은 표와 같다.

오행	상황	정도	빈도	원인
목木	동료와 말다툼으로 구설수	보통	중복	상대방 배려, 이해 부족
화火	업무 관련 자격시험 탈락	보통	한 번	(업무 과다로) 준비 부족
토土	성급한 이직으로 조기 퇴사	심각	중복	기존 회사에서 버티는 선택 배제
수水	성급한 투자 계약	심각	한 번	필요한 정보 수집 미흡
수水	성급한 이직 후 조기 퇴사	심각	중복	필요한 정보 수집 미흡

| 과거의 실패를 복기하는 예시 |

다시 한 번 강조하지만 본인의 정보를 타인의 관점으로 보는 것이 핵심이다. 그렇지 않으면 직장 동료와의 갈등에 '상대방을 배려하고 이해하는 마음이 부족했다'는 해석이 나오기 힘들다. 성급한 이직도 제삼자 시각에서는 '기존 장소에서 버티는 선택을 애초에 고려하지 않았다'는 분석이 자연스럽다.

물론 자신이 모르는 원인들도 많을 것이다. 그러나 남의 관점에서 나의 과거를 보는 연습을 하면 운의 그릇에 좋은 운을 빠르게 채울 수 있다.

운에 대한 마지막 비밀 ──

운을 좋게 만들고 나쁜 운을 멀리하기 위해 여러 사례도 보았고, 실천 방법도 이야기했다. 그러나 말하지 않은 부분이 하나 있다. 운이 좋아지면 돈도 더 많이 벌고 명예가 높아지는 것도 맞지만, 무엇보다 만족에 대한 스스로의 기준이 낮아진다는 사실이다. 감사하는 마음이 생겨서 옛날이면 불만이었을 사항이 그럭저럭 참을 만하고, 약간만 괜찮아도 만족하게 된다.

중병에 걸렸거나 재정적으로 절박한 사람에게는 누구든 '힘들겠다'라고 공감한다. 대자연의 원리도 기본적인 생존이 보장되는 것을 순리이자 자연의 균형으로 보기에 현재 생활의 기본이 확보되는 것은 매우 중요하다. 그러나 상담하다 보면 당장의 생계보다는 미래의 경제적 불안이나 가족 및 타인과의 갈등, 자아실현, 자식 고민 등에 대한 주제가 훨씬 많다. 죽고 사는 문제가 아니다 보니 나는 당사자처럼 공감하지 못한다. 오히려 남의 일이라 감정적으로 몰입되지 않기에 상황을 냉정하게 보고 현명한 대안을 이야기하는 경우가 많다.

바로 여기에 명리학이 지향하는 좋은 운의 비밀이 숨어 있다. 자신의 이야기를 일반화할 수 있다면, 감정에 함몰되지 않고 남의 상황처럼 이해할 수 있다면 고통도 줄고 문제 해결에도 도움이 된다. 내 문제를 남의 것처럼 볼 수 있는 사람은 자신에게만 함몰되지 않고 주변과 조화로운 생각과 행동을 한다.

환경과의 조화는 좋은 운의 교류로 이어져 타고난 팔자보다 더 나은 운을 부를 수 있다. 타고난 팔자도 있겠지만 좋은 운을 부르는 능력은 명리학 지식과 별개다. 갑·을·병·정을 써가며 사주풀이를 하지 못해도 명리의 기저를 관통하는 원리를 깨달으면 좋은 운을 부르게 된다.

인간은 자연의 일부이지만 사회적 욕구를 가진 존재다. 의식주가 만족되면 더 높은 수준을 추구한다. 그 과정에서 비교라는 정신 작용을 한다. 미래를 고민하는 능력은 문명의 발전만 가져온 것이 아니라 개인의 불안도 가져왔다. 밥만 먹고 살 수는 없게 되어버린 것이다.

남의 집 자식에게는 '건강하기만 하면 되지'라고 덕담을 던지다가도 자기 자식이 숙제도 안 하고 게임만 하면 '뭐해서 먹고살려고 저 모양이냐'면서 울화통을 터뜨린다. 동료가 임원 승진에 떨어지면 '요즘은 부장으로 정년퇴직하는 편이 더 낫다'라고 위로하다가도 자기가 승진에 누락하면 '회사가 내 능력을 몰라준다'고 화를 낸다. 옆 사람이 보면 이러나저러나 대세에 지장 없는 일도 본인 일이 되면 전전긍긍하는 것이 인간이다.

모두가 성인군자가 될 수는 없다. 다만 자신을 세상의 중심이

아니라 세상 속의 한 개체로 보면 길게는 좋은 운이 찾아오고 당
장은 마음이 가벼워진다. 이것이 우리가 할 수 있는 최선이자 진정
으로 행복해지는 길이다.

결국 우리에게
중요한 것은

이번 책은 명리학과 관련된 전작들과는 다른 시도를 했다. 이전에는 명리 이론들을 토대로 여러 사례들을 분석하며 좋은 운을 불러들이는 방법들을 소개했다면, 이번에는 명리 이론을 가급적 배제하고, 상담에서 알게 된 좋은 운을 불러들이는 방법들을 일반화하고자 했다.

　명리학을 하는 사람이 이론을 논하지 않는다는 것은 도전이다. 익숙한 무기 없이 전장에 나간다고나 할까. 그러나 새로운 용기를 낸 이유가 있다. 뛰어난 사주 해석을 듣고 상담하는 순간은 깨달음을 얻은 것 같아도 일상에서의 행동으로 실천하지 않으면 삶이 변하지 않는다는 것을 알기 때문이다. 그리고 행동의 실천은 명리 이론과는 무언가 다른 결이 있다고, 내 운명을 넘어서기 위한 실천에는 남들의 실수와 성공 사례에서 배우는 것이 효과적이라고 생각했기에 '실천'의 여정에서 길을 헤매지 않게 돕고 싶다는 마음으로 집필을 시작했다.

'운명은 변하지 않는 것인가, 노력하면 변하는 것인가?' '만약 노력으로 변한다면 정확한 미래 예측은 불가능한가?' 등의 딜레마에 대한 고민도 컸다. 그러나 무엇보다 중요한 것은 더 행복하게 사는 것이라 생각하고 이렇게 정리했다.

"대부분은 타고난 대로 산다. 그러나 부단한 노력으로 타고난 장점을 더 잘 활용하고, 타고난 단점은 조심할 수 있다. 그것이 명리학 공부의 목표다."

그동안 명리학의 길에 들어서고 많은 좋은 인연들이 있었다. 여러 선생님들과, 함께 토론하던 선후배들이 없었다면 지금 이런 책을 쓸 기회도 없을 것이다. 특히 마지막 은사이신 부산의 정숙정 선생님께는 늘 감사하는 마음이다. 명리학의 분석에 있어 입체적인 접근법을 알게 해주셨다. 덕분에 실전 상담에서 복잡한 인생 사례를 여러 각도에서 이해할 수 있게 되었다. 또한 상담하며 만난 많은 인생 선배들에게도 감사하는 마음이다. 사업으로 크게 성공했거나 유명 기업의 경영자가 된 분들에게는 무언가 자신만의 무기가 있었고, 역경을 넘어서는 변곡점들이 있었다. 그분들의 삶을 명리 상담을 통해 보았기에 이번 책을 준비할 수 있었다.

명리학 공부에는 끝이 없다. 인생에서의 배움에 끝이 없는 것과 같다. 이제 사주팔자가 눈에 좀 들어온다 싶으면 어려운 임상 사례들을 만나게 된다. 겸손히 정진하라는 운명적 계시로 알고 앞으로도 더 열심히 연구할 것을 다짐하며, 이 책을 읽은 독자 여러분께 늘 좋은 운이 함께 하시기를 기원한다.

운의 그릇